Entreprendre un bilan de compétences

Dans la collection « Efficacité professionnelle »

B. Bouillerce, F. Rousseau	*Utiliser efficacement le téléphone,* 1999
G. Desaunay	*Comment gérer efficacement son supérieur hiérarchique,* 2e édition, 1998.
G. Desaunay	*Comment gérer intelligemment ses subordonnés,* nouvelle présentation, 1998
T. Destrez	*Demain, je parle en public,* 1998
M. Fayet, J.-D. Commeignes	*Valorisez votre communication écrite et orale,* 2000
M. Fayet, J.-D. Commeignes	*Rédiger des rapports efficaces,* 1999
M. Griselin, C.I Carpentier, J. Maillardet, S. Ormaux	*Guide de la communication écrite,* 2e édition, nouvelle présentation 1999
G. Hoffbeck, J. Walter	*Réaliser une revue de presse,* 2000
G. Hoffbeck, J. Walter	*Prendre des notes vite et bien,* 2e édition, nouvelle présentation 2000
D. Lapp	*Améliorez votre mémoire à tout âge,* 2e édition, 1997
J.-M. Lefèvre	*Savoir communiquer – à l'ère des nouveaux médias,* 2e édition, 1998
G. Prod'homme	*S'affirmer sans s'imposer* 1999
B. Soulez	*Devenir un lecteur performant,* 2e édition, 1997

Table des matières

Introduction

Une démarche volontariste et organisée

1

Principes directeurs
et notions de base

Chapitre 1

Bénéficiaires, buts, démarche

Chapitre 2
Premières réflexions

Chapitre 3
La notion de compétence

Chapitre 4
La notion de bilan

2 Démarche, contenu, vécu du bilan

Chapitre 5 Contenu du bilan de compétences

Chapitre 6
Que peut-on attendre du bilan lui-même ?

Chapitre 7
Moments difficiles du bilan de compétences

Chapitre 11
Règles de déontologie

Chapitre 12
Procédures du bilan de compétences

Chapitre 13
Étapes et outils de travail

Introduction
Une démarche volontariste et organisée

Le bilan de compétences est une démarche personnelle et individuelle. Celle-ci peut se réaliser – et se financer – via des organismes collecteurs de fonds, l'ANPE/APEC ou le plan de formation de l'entreprise. Les résultats du bilan appartiennent exclusivement à l'intéressé. La démarche elle-même peut s'effectuer d'une manière confidentielle, à l'insu même de l'entourage professionnel.

Cette démarche se déroule selon un processus clairement défini. Les étapes en sont précises et structurées. Les modalités de l'action sont déterminées par un décret. Le bilan s'effectue avec le concours de prestataires accrédités.

Le bilan de compétences se présente donc comme une démarche volontariste et organisée. Après avoir accompagné une centaine de bilans depuis cinq ans, nous pouvons ajouter que cette démarche va beaucoup plus loin que nous ne le pensions au départ, mais aussi que ne le pensent la plupart des personnes au moment où elles décident de s'y lancer.

Aujourd'hui, nous nous exprimons sur le sujet en poursuivant plusieurs objectifs :

- faire percevoir à toutes les personnes qui envisagent un bilan de compétences et à beaucoup de celles qui ne se croient pas concernées, que cette démarche peut transformer leur vie ;
- encourager ces personnes dans les moments difficiles du bilan ;

- les aider à le conduire avec le meilleur profit ;
- convaincre les entreprises de l'intérêt de cette démarche, les inciter à envisager l'appréciation de leurs collaborateurs avec un regard nouveau ;
- susciter chez les consultants le désir de faire évoluer leurs méthodes de conduite des bilans de compétences en vue de tirer le meilleur d'une prestation d'une nature tout à fait particulière.

C'est ambitieux. Nous essaierons de le faire en conscience et avec modestie, il nous sera impossible de le faire sans une certaine passion.

Ceux et celles que nous avons accompagnés dans cette aventure auront aussi la parole, largement – et avec la discrétion qui va de soi –, dans les réflexions qui suivent.

Ce livre est aussi un témoignage de reconnaissance pour tout ce qu'ils nous ont apporté.

1
Principes directeurs et notions de base

Chapitre 1
Bénéficiaires, buts, démarche

Nous partirons des règles de base, telles qu'elles figurent dans les textes officiels qui régissent le bilan de compétences. Il s'agit notamment des :

- décret du 2 octobre 1992 et arrêté d'application du 27 octobre (JO du 28 novembre 1992) qui faisaient suite à l'accord interprofessionnel du 3 juillet 1991 et à la loi du 31 décembre 1991 ;
- documents du Fonds de Gestion du Congé Individuel de Formation (FONGECIF Île-de-France, choisi à titre d'exemple parmi les organismes paritaires de gestion du bilan de compétence) ;
- documents du centre de bilans commun de l'APEC et l'ANPE (tout le monde connaît l'Association Pour l'Emploi des Cadres et l'Agence Nationale Pour l'Emploi).

Nous résumons ici ces règles, accompagnées de quelques remarques, pour les interpréter et développer dans la suite de l'ouvrage. Les textes en question sont repris in extenso en annexe, formant le « cahier des charges » officiel du bilan de compétences.

Les conditions d'accès

La règle initiale est celle-ci : le bilan de compétences est accessible à toute personne salariée depuis au moins cinq ans, dont un an chez l'employeur actuel. Cinq ans au moins doivent s'écouler avant un nouveau bilan de compétences. Ce délai peut être ramené de cinq à deux ans pour les personnes autodidactes ou en CDD.

En cas de privation d'emploi, l'unité commune APEC/ANPE élargit la porte d'entrée à tous les cadres ayant trois ans d'expérience professionnelle, inscrits comme demandeurs d'emploi depuis plus d'un mois et moins de six mois et n'ayant pas bénéficié d'un bilan de compétences dans les deux ans écoulés. Dans la pratique, des « chéquiers bilan de compétences » peuvent être remis à des cadres au chômage depuis plus de six mois. Des tests sont en cours.

Aux non-cadres, l'ANPE peut proposer un bilan de compétences, dans un Centre Interinstitutionnel de Bilans de Compétences (CIBC) ou chez un prestataire privé.

Un bilan de compétences ne peut jamais être imposé à quiconque, il s'agit toujours d'une démarche volontaire et l'on choisit seul son prestataire, en toute liberté.

Une large palette d'objectifs

Les buts assignés au bilan de compétences sont aussi clairs qu'ambitieux. Il s'agit de permettre à un salarié de passer en revue ses activités professionnelles, ce qui est développé en ces termes dans l'arrêté d'application du décret (voir les parties du texte en italique dans le document officiel en annexe) :

- faire le point de ses expériences personnelles et professionnelles,
- repérer et évaluer ses acquis liés au travail, à la formation, à la vie sociale,
- mieux identifier ses savoirs, compétences et aptitudes,
- déceler ses potentialités inexploitées,
- recueillir et mettre en forme les éléments lui permettant d'élaborer un projet professionnel ou personnel,
- gérer au mieux ses ressources personnelles,

– organiser ses priorités professionnelles,
– mieux utiliser ses atouts dans des négociations d'emploi ou des choix de carrière.

Des modalités pratiques

Le bilan de compétences est officiellement composé de trois parties :
– un entretien préliminaire, sans engagement du demandeur,
– le bilan proprement dit, avec la partie professionnelle et la partie personnelle,
– conclu par la remise d'une synthèse écrite et commentée.

S'y ajoutera la possibilité d'un entretien de suivi.

Un entretien préliminaire

Il s'agit du premier contact entre le demandeur de bilan et les prestataires qu'il a sélectionnés dans le catalogue des institutions accréditées par l'organisme financeur.

Le décret donne pour objectifs à cet entretien de :
– confirmer l'engagement du bénéficiaire dans sa démarche,
– définir et analyser la nature de ses besoins,
– l'informer des conditions de déroulement du bilan, des méthodes et techniques mises en œuvre.

L'APEC/ANPE précise qu'il s'agit d'analyser la demande : situation, attente et besoins du demandeur, accord entre les partenaires sur les objectifs à atteindre et le type de bilan à effectuer.

Le FONGECIF met l'accent dans sa convention sur le caractère volontaire de la démarche du salatié et sur l'obligation pour le prestataire d'informer le bénéficiaire des moyens matériels et humains dont il dispose pour la réalisation du bilan.

Une analyse du parcours professionnel et des compétences

Le texte officiel voit dans cette phase d'investigation la possibilité pour le bénéficiaire :
- d'analyser ses motivations et intérêts professionnels et personnels,
- d'identifier ses compétences et aptitudes professionnelles et personnelles, le cas échéant d'évaluer ses connaissances générales,
- de déterminer ses possibilités d'évolutions professionnelles.

Pour l'APEC/ANPE, c'est une phase de recensement et d'évaluation du capital de connaissances et savoir-faire du demandeur, ainsi que de ses caractéristiques personnelles, potentiel d'évolution, motivations et souhaits.

L'arrêté d'application se réfère au texte du Journal Officiel et précise que le bilan peut donner lieu à plusieurs rendez-vous échelonnés dans le temps.

L'élaboration de projets

C'est la phase de conclusion prévue dans le texte officiel, permettant au bénéficiaire de :
- prendre connaissance des résultats détaillés de la phase d'investigation,
- définir un ou plusieurs projets professionnels,
- recenser les facteurs pouvant favoriser ou gêner la réalisation de ces projets
- déterminer quelle formation pourrait ou devrait éventuellement les accompagner,
- prévoir les principales étapes de la mise en œuvre du projet ;

L'APEC/ANPE mentionne les projets professionnels que sont des pistes alternatives de réinsertion professionnelle, des créneaux cohérents pouvant assurer cette réinsertion rapidement. Il faut être conscient de la nécessité d'urgence, qui limite les possibilités d'imaginer des projets à long terme et aller le plus loin possible dans les détails précis et concrets des projets élaborés.

Une synthèse écrite

Le document de synthèse prévu dans le décret d'application « ne peut comporter d'autres indications que » :

- les circonstances du bilan,
- les compétences et aptitudes du bénéficiaire au regard des perspectives d'évolution envisagées,
- éventuellement les éléments constitutifs du projet professionnel ou du projet de formation et de leurs principales étapes de réalisation.

Il est précisé que cette synthèse est établie sous la seule responsabilité du prestataire, qui la soumet au bénéficiaire pour observation. L'APEC/ANPE insiste sur l'importance à donner à la pertinence, la cohésion et la crédibilité des projets face à la situation du marché de l'emploi au moment du bilan.

Le FONGECIF rappelle que cette synthèse, comme tous les documents du bilan, appartient au bénéficiaire.

Un suivi ?

Le suivi n'est pas explicitement mentionné dans le texte du décret. Le bénéficiaire peut « à son initiative » solliciter l'aide de son conseiller APEC/ANPE en cas de besoin.

Le FONGECIF inscrit dans sa convention tripartite que le prestataire proposera au bénéficiaire une rencontre six mois après la fin du bilan « pour faire le point ».

Des méthodes et outils appropriés

La plus grande latitude est laissée aux prestataires sur ce plan, le texte du décret ne donnant aucune précision à cet égard.

Pourtant, dans le dossier d'agrément des prestataires, le FONGECIF interroge largement ceux-ci sur leur pratique des tests, lesquels, quel en est l'apport... De même, sur le dossier de demande de prise en charge, le prestataire doit préciser séparément les nombres d'heures consacrées aux entretiens et aux tests. On pourrait en retirer que la seule exigence « technique » du législateur vis-à-vis du prestataire, quant à ses outils, consiste à pratiquer des tests et à y accorder une certaine importance. Mais cette obligation n'est pas explicite.

L'APEC/ANPE insiste plus sur le devoir de transparence quant aux méthodes et moyens utilisés que sur leur nature, du moment qu'ils sont fiables et pratiqués par un personnel qualifié. Une liste très large de moyens possibles est suggérée, individuels ou collectifs, pratiqués par le prestataire ou sous-traités : on ne peut pas être plus ouvert. Globalement, l'APEC/ANPE et le FONGECIF demandent au moins dix heures de prestations face à face pour l'ensemble du bilan.

Le bilan professionnel

Le bilan professionnel présente des analogies avec le bilan de compétences, pouvant entraîner une confusion entre les deux démarches.

Le terme de bilan professionnel, clair et sans équivoque, désigne bien l'objectif poursuivi : faire le point sur les connaissances, le degré de maîtrise de la fonction, l'appréciation du professionnalisme. Le bilan professionnel a des points communs avec le premier volet du triptyque formant le bilan de compétences : professionnel, personnel, projet(s).

Il peut être demandé sur l'initiative de l'entreprise souhaitant l'avis d'un tiers neutre, par exemple pour contrôler ou confirmer une appréciation portée, ou bien par le collaborateur pour étayer une demande de promotion.

Mais si des entretiens d'appréciation se déroulent tous les ans, dans un climat de dialogue et de recherche de progrès, éventuellement complétés par des entretiens de carrière tous les trois ou quatre ans, cet ensemble forme un film qui traduit l'évolution permanente et continue du bilan professionnel. Nous reviendrons sur ce point.

Le bilan de compétences va beaucoup plus loin et plus profond, c'est une réflexion sur la hiérarchie des valeurs, une démarche intime dont on ne sort jamais dans le même état qu'en entrant. Nous aurons de nombreuses occasions d'illustrer ce propos dans les pages qui suivent, par nos observations et surtout par les témoignages recueillis.

Chapitre 2
Premières réflexions

À la lecture des textes officiels, quelles conception et image retire-t-on du bilan de compétences ? Quelle est sa vocation ? Comment se présente officiellement le bilan de compétences ? Prenons quelques instants pour réfléchir aux intentions qui ont présidé à sa naissance.

Le bilan de compétences concerne tous les actifs

Le bilan de compétences s'adresse à tous les salariés, qu'ils soient en activité ou en recherche d'emploi : son application n'est pas soumise à des critères de profil personnel, de fonction, de niveau de responsabilité, de statut, de secteur professionnel.

Le bilan peut s'inclure dans une démarche d'out placement, de reconversion, en préalable à un changement professionnel prévisible, dans le cas d'un retour au travail après interruption, mais également à tout moment et sans motif extérieur caractérisé.

Des buts clairs, des modalités souples

Nous retirons de la lecture de ces modalités d'application qu'elles sont :

- très claires dans les objectifs de chacune des phases,
- très ouvertes quant aux choix des méthodes et moyens,
- soucieuses de l'intérêt du bénéficiaire, tant sur le plan personnel que professionnel,
- exigeantes dans le principe sur la qualité du prestataire, mais sans modalités de contrôle,
- sans intervention directe, non plus, pour évaluer la quantité de prestation fournie dans le bilan, le contenu et le volume du suivi.

Le bilan de compétences est adapté aux situations les plus diverses

Pour un chômeur, la finalité première est de retrouver un emploi, à laquelle l'intéressé ajoute souvent « pas n'importe lequel ».

Pour un salarié en activité, l'on rencontre des situations très variées :

- Le collaborateur est maintenu dans une position inférieure à ses capacités et compétences, où il rend des services utiles, tant par sa conscience professionnelle que du fait de sa surqualification. Son départ n'est pas souhaité, mais il est sous employé, déconsidéré et finit par douter de ses capacités professionnelles.
- Le collaborateur subit une pression hostile qui confine au harcèlement moral, visant à provoquer sa démission. Il finit par perdre sa lucidité sur la pertinence des reproches permanents qui lui sont adressés et n'a plus aucune confiance en lui.
- L'intéressé est sous-employé, mais sans intention malveillante de la part de l'entreprise. Il est seulement « oublié » dans une fonction où sa prestation est satisfaisante ; il aimerait pouvoir argumenter une demande de promotion ou de changement d'activité.

- Au cours d'une vie professionnelle vécue jusque-là d'une manière relativement passive, au gré d'événements extérieurs plus ou moins subis, l'intéressé a acquis un important savoir-faire professionnel et se sent même capable de beaucoup plus. Il veut prendre sa carrière en main et la mener désormais d'une manière plus active.
- Son poste est menacé de suppression : l'entreprise va déménager, elle se réorganise, a été absorbée par une autre, dépose son bilan…
- Son métier va disparaître, rendu obsolète par l'évolution technologique. Une reconversion est inévitable.
- Son métier lui plaît, mais avec de fortes contraintes d'horaires, de déplacements ou autres, inhérentes à cette activité, au point de poser des problèmes d'équilibre avec sa vie familiale.
- Le collaborateur est seulement mal à l'aise dans sa vie professionnelle, en recherche d'une harmonie qu'il ne trouve pas. Il aimerait pouvoir échanger avec une personne compétente et neutre qui l'aiderait à mieux orienter son activité professionnelle.
- Une promotion se présente dans l'entreprise ou au sein du groupe auquel elle appartient, proposition qu'il est pratiquement impossible de refuser. Ce n'est pourtant pas, a priori, ce dont le collaborateur aurait rêvé.
- Solidement attaché à son poste et dans une position sans risque, le salarié se voit offrir de l'extérieur une fonction différente, mieux rémunérée, présentée d'une manière très attractive. Comment gérer cette situation inattendue ?
- Le collaborateur a occupé toutes les fonctions possibles dans une petite entreprise familiale, il est incapable de situer sa valeur professionnelle sur le marché. Cela risque pourtant d'être prochainement nécessaire pour lui.
- Ayant toujours occupé des fonctions de salarié, il vient d'imaginer un nouveau concept original et prometteur qui pourrait justifier la création d'une entreprise. Il hésite cependant à franchir le pas.

- Bien qu'autodidacte, il a exercé des responsabilités élevées et occupe aujourd'hui une fonction de haut niveau, mais ces acquis professionnels ne sont pas faciles à valider.

Les situations sont très diversifiées. Certaines d'entre elles se situent dans un contexte tout à fait positif, ce qui ne rend pas pour autant les choix faciles, mais la trame de fond est souvent imprégnée d'insatisfactions, doutes quant à sa propre valeur, menaces sur son avenir professionnel.

Or un grand carrefour professionnel est souvent l'occasion d'un choix tout à fait déterminant.

S'il se situe dans la première moitié de la vie professionnelle, ce choix pourra orienter définitivement la carrière. S'il intervient plus tard, il se peut que ce soit pour l'intéressé la dernière opportunité de faire un vrai choix.

L'entreprise qui promeut le bilan de compétences est gagnante

Aujourd'hui encore, l'entreprise ignore souvent les modalités pratiques et même les buts du bilan de compétences. Elle peut interpréter la demande d'un collaborateur d'une manière négative : comme une preuve de défiance, un signe que le collaborateur considère son employeur comme incapable ou non désireux d'assurer sa progression professionnelle. Elle peut y voir également la préparation d'un départ prochain, une sorte de « trahison ».

Avec de telles arrière-pensées il ne faut pas s'étonner que l'entreprise se montre souvent réticente face à la demande de bilan de compétences de son collaborateur, jusqu'à lui mettre parfois ostensiblement des bâtons dans les roues.

Dans d'autres cas, l'employeur ne dit pas non, encourage éventuellement la démarche, puis se montre très désireux de participer, d'avoir un retour, d'être informé sur le contenu du bilan, lequel est pourtant strictement confidentiel. Une telle attitude témoigne d'une méconnaissance profonde du sens même de cette démarche. Peut-être s'agit-il d'une certaine crainte de ce que le collaborateur pourra dire sur l'entreprise.

Le bilan de compétences n'est pas dirigé « contre » l'institution, mais il se conduit « en dehors » de l'institution. C'est justement là qu'il trouve la largeur et la profondeur de son champ d'investigation : dans un passé plus lointain, dans l'intérieur de la personnalité, des potentialités, des motivations, dans un futur ouvert, élargi.

Cela se constate dans la pratique : lorsqu'il y a du ressentiment contre l'entreprise qu'on vient de quitter dans un climat de conflit, ou dans laquelle on vit mal le présent, l'expression de ce ressentiment ne dépasse pas, le plus souvent, la première séance de travail. Dès qu'on a plongé dans l'action, le contexte professionnel immédiat est oublié.

L'entreprise n'a aucune raison valable de s'opposer au bilan de compétences, du moins après avoir été bien informée sur la question. C'est un des objectifs de cet ouvrage. Montrer que des collaborateurs ne peuvent finalement qu'enrichir l'entreprise quand ils sont :

- plus lucides,
- plus confiants en leurs capacités,
- plus clairs dans leurs objectifs professionnels,
- plus déterminés à prendre en main leur avenir.

Chapitre 3
La notion de compétence

Avant d'entrer concrètement dans la démarche, dont le sens et les objectifs nous apparaissent donc clairement, consacrons quelques instants à réfléchir à la notion même de « compétence », qui semble former le cœur de notre sujet.

Qu'est-ce qu'une compétence ?

Un grand thème d'appréciation

Pendant ces trente dernières années, l'appréciation des personnes dans la qualité de leur travail a beaucoup évolué. On a connu :

- l'évaluation des connaissances, celle des capacités à réaliser correctement des tâches, l'aptitude à exercer des responsabilités ;
- puis l'évaluation « indirecte » des comportements professionnels et personnels reconnus comme facteurs habituels de réussite ;
- puis la mesure des résultats, approche en principe objective,
- enfin le résultat sur objectifs, relativisé par rapport au contexte et à l'effort fourni, pouvant ainsi témoigner d'une performance.

L'on est ainsi progressivement passé d'une notion de qualification, en amont, à celle d'une performance, en aval du travail réalisé.

Emploi et ressource (humaine)

Parallèlement à ce mouvement, un souci d'objectivité a conduit à dissocier la qualification de la personne de celle de l'emploi qu'elle occupe, amenant à définir :

– la qualification de l'emploi : ensemble des connaissances et des savoir-faire nécessaires à sa bonne prise en charge ;
– la qualification de la personne : ensemble des connaissances et savoir-faire acquis par la formation et l'expérience professionnelle.

Au début des années 90, les grandes entreprises se sont lancées dans l'analyse et la gestion des emplois, les conduisant à définir des « référentiels de compétences ». Dans ce mouvement, elles sont passées de la gestion des emplois à celle des compétences. On entendait parler de GPEC, gestion prévisionnelle des emplois et des compétences. La notion de compétence s'était imposée, prenant le pas sur celle de la qualification.

Kaléidoscope

Au cours de ces dernières années, de nombreuses définitions ont été avancées pour tenter de faire le tour de cette notion de compétence. Leur multiplicité montre la difficulté de l'exercice, mais chacune apporte une idée intéressante.

Les différentes approches évoquées ici, postérieures à 1992, témoignent de la toute récente éclosion des réflexions sur ce thème :

- « Un ensemble de savoirs, savoir-faire et savoir-être » (Répertoire OME/ANPE).
- « Un savoir-agir reconnu » (G. Le Boterf, qui insiste sur le regard d'autrui pour valider).
- « Une disposition à agir » (Y. Minvielle et H. Vacquin).
- « Des ensembles stabilisés de savoirs » (M. de Montmollin).

- « La capacité de mobiliser des connaissances et qualités pour faire face à un problème » (N. Mandon).
- « Les capacités, le savoir et les attitudes » forment la partie visible de la compétence (pour A. Bernard), les traits de caractère et la motivation étant enfouis dans les profondeurs de la personne.
- « Le diplôme ne garantit pas un professionnalisme ou une compétence » pour H. Sérieyx.
- « Compétences théoriques, pratiques, sociales et cognitives » sont les quatre types retenus par B. Sire, les compétences cognitives étant « l'ensemble des aptitudes à résoudre des problèmes dans un contexte organisationnel donné. »
- Ce terme de « cognitives » gagnerait à être remplacé par « résolutoires », comme le propose N. Jolis.
- « Capacité de résoudre les problèmes induits par la nécessité de produire et par la mission que se fixe l'entreprise (M. Ledri et S. Michel).
- « Mise en œuvre intégrée d'aptitudes, de traits de personnalité et de connaissances acquises pour mener à bien une mission complexe » (C. Lévy-Leboyer).
- « La compétence est aussi la capacité de se former soi-même, de former les autres et de les animer pour résoudre les problèmes » (M. Godet).

Compétences présumées, compétences validées

On évalue séparément les compétences requises pour un emploi et celles d'une personne éventuellement candidate à cet emploi :

Les *compétences présumées* ont été acquises par la personne par :

- des études et un diplôme,
- un examen de contrôle, des tests,
- l'exercice antérieur d'un emploi similaire.

Quant aux *compétences reconnues et validées*, elles ont acquis cette qualité par :

- une évaluation dans un emploi antérieur similaire,
- une réussite prouvée dans cet emploi.

Il est toujours possible qu'une compétence décline et disparaisse avec le temps par défaut de pratique, une langue par exemple, ou par obsolescence dans des métiers très évolutifs, comme l'informatique, si elle n'est pas actualisée.

Dans ces deux cas, la compétence sera le plus souvent réactivable par une formation appropriée

Les éléments constitutifs de la compétence

La théorie et la pratique se complètent dans la constitution d'une compétence. Celle-ci est le plus souvent mise en œuvre spontanément et avec une aisance grandissante. Il arrive cependant que des blocages en gênent l'expression.

Théorie et pratique

Certains facteurs de compétences tiennent à la personne, d'autres au contexte, au système dans lequel elle exerce son activité.

Comme exemples de **facteurs liés à la personne**, on trouve les connaissances théoriques acquises par la formation, contrôlables « avant utilisation » par examens et tests, appelées parfois « le savoir », permettant l'accès à un poste ;

Comme exemples de **facteurs liés au contexte**, on distingue les connaissances pratiques acquises par l'exercice sur le terrain, appelées par analogie « le savoir-faire ».

Quand ces compétences sont mobilisées et activées, elles passent du statut de compétences présumées ou validées à celui de « compétences effectivement mises en œuvre ».

Mise en œuvre ou blocage

A contrario, une compétence non activée peut être « en grève », ou être « en panne », selon que les causes du blocage sont volontaires ou non de la part de l'intéressé.

Il faut, on le voit, pousser plus loin l'analyse et ajouter aux deux catégories ci-dessus des facteurs promotionnels ou inhibiteurs liés à la personne et/ou au contexte.

Sous la rubrique **des facteurs promotionnels ou inhibiteurs liés à la personne**, on range :

- la motivation à mobiliser ses compétences,
- les qualités humaines et sociales de communication, la disponibilité…
- la disposition à favoriser la performance du groupe, même au détriment de la sienne propre, ou au contraire l'individualisme et l'esprit de compétition,
- la stabilité ou la vulnérabilité en milieu hostile,
- la résistance au stress par exemple, capacité d'adaptation au milieu.

Ces différents facteurs de compétences sont parfois regroupés sous l'appellation globale de « savoir-être ».

Des **facteurs promotionnels ou inhibiteurs peuvent être engendrés par le contexte** :

- la confiance ou la défiance du milieu professionnel,
- les compétences de l'entourage liées à celles de l'intéressé dans la réalisation de tâches en équipe ou en enchaînement.

Le milieu peut être ainsi porteur ou paralysant, pour des raisons techniques, psychologiques, voire de circonstance.

À ces différents facteurs peuvent encore s'ajouter des contraintes de santé, d'environnement familial ou autres, qui n'affectent pas les compétences elles-mêmes, mais la capacité de la personne à les mettre en œuvre.

Contribution et professionnalisme

On sent bien d'une part que la compétence pure est soumise à différents filtres avant de devenir efficace, mais aussi que cette efficacité apparente, la performance individuelle, mérite d'être relativisée : il y a le résultat, il y a aussi la manière, le préjudice que l'on peut porter aux autres pour atteindre son propre résultat, ou au contraire ce qu'on leur apporte pour les aider à atteindre le leur.

C'est dans l'appréciation, en général par entretiens annuels, que ces aspects sont mis en valeur.

Ainsi, deux notions se sont récemment imposées, sur lesquelles se portent aujourd'hui l'intérêt et l'attention :

- le **professionnalisme**, formé de l'enveloppe des compétences,
- la **contribution**, constituée de résultats et d'un ensemble de qualités et de comportements favorisant la performance collective ou valorisant l'entreprise.

Entrent dans cette contribution des qualités comme le sens des responsabilités, bien sûr, et bien d'autres, par exemple, l'autonomie et l'initiative. Souvent prise l'une pour l'autre, ces deux qualités diffèrent pourtant sensiblement : la première étant la capacité à travailler en autocontrôle dans le cadre de ses attributions, la seconde consistant à pouvoir inventer et proposer (voire gérer seul en cas d'urgence ou d'opportunité) des solutions bonnes à des problèmes débordant du cadre strict des attributions.

Progresser en largeur ou en profondeur

Développer le professionnalisme est au cœur des préoccupations des DRH dans les entreprises. On définit dans les emplois des plages de compétences faces à chaque tâche, groupe de tâches, domaine, permettant à chacun de définir des objectifs de progrès en concertation avec sa hiérarchie.

Ces objectifs privilégient :
- soit la profondeur, remontant progressivement de l'exécution à la conception ;
- soit la largeur, en ajoutant de nouvelles activités, donc compétences, à son portefeuille actuel.

Dans les deux cas, effort personnel et formation vont de pair. La profondeur tend à aboutir à la spécialisation et à l'expertise, la largeur à la maîtrise d'un ensemble plus vaste et moins pointu. Nous donnerons plus loin une autre interprétation de ces notions d'expertise et de maîtrise.

Avoir en main les compétences de premier niveau du poste peut être ainsi la condition d'accès à cet emploi, comme avoir fait le tour du dernier niveau peut indiquer qu'il est temps de se préparer à quitter cet emploi.

L'on peut rapprocher ces notions de largeur et profondeur de l'approche de N. Jolis qui voit dans la compétence une dimension verticale et une transversale, permettant respectivement à la personne de progresser dans son métier ou de changer de métier.

Il convient aussi de prendre en compte les changements prévisibles devant intervenir dans les emplois très évolutifs en raison de croissance rapide de la structure ou de mutation dans les techniques ; certains postes sont tellement évolutifs que le simple fait d'en suivre le développement est une performance.

Le bilan de quelles compétences ?

L'univers des compétences s'avère plus vaste et complexe qu'on ne l'imaginait à première vue. Les schémas simplifiés montrent vite leurs limites, tant les facteurs incidents sont nombreux et divers : objectifs et subjectifs, psychologiques autant que techniques, propres à l'individu ou liés à son entourage, mesurables ou non… Quel peut être l'apport du bilan de compétences pour éclairer la question ? Il faut d'abord s'interroger sur les aspects de la compétence sur lesquels le bilan de compétences pourra nous donner des informations fiables.

Les compétences professionnelles sont faciles à estimer quant à la durée de l'expérience professionnelle et, au moins approximativement, quant à leur niveau. De même que celui des connaissances théoriques, d'après les formations suivies.

Mais le consultant généraliste :

- ne peut être lui-même compétent dans toutes les disciplines ;
- ne fait passer aucun test de connaissances professionnelles ;
- se fonde exclusivement sur les dires de l'intéressé.

Comme nous le verrons plus en détail dans la suite de ce livre, on devra se limiter dans le bilan à dresser un inventaire des compétences et à analyser l'origine de ces compétences : sur le plan théorique, sur le plan pratique. C'est seulement dans la gamme des compétences de haut niveau que l'on pourra affiner l'analyse, par exemple en différenciant maîtrise et expertise. Toujours en se basant sur les informations reçues. En fait, il n'est pas possible d'être précis, mais nous constaterons que cela ne présente pas d'inconvénient majeur.

Venons-en aux facteurs qui favorisent ou empêchent au contraire la mise en œuvre des compétences. Le consultant recueille sur ce plan une grande quantité d'informations : il pourra le plus souvent en retirer une image assez précise de ces facteurs. Déformées peut-être par le prisme de la subjectivité du principal intéressé, il n'en reste pas moins que toutes ces données permettent en général de bien cerner les facteurs promoteurs et inhibiteurs, et même apportent souvent des éclairages complémentaires utiles sur les compétences elles-mêmes.

Bien sûr il arrive parfois que l'analyse détaillée du parcours professionnel mette à jour des compétences oubliées, mais son vrai mérite est ailleurs : faire émerger des lignes de force, identifier les freins, préparer l'intéressé à donner libre cours à l'imagination, à exprimer ses désirs, cerner et délimiter les vraies contraintes. Pour finir, rassembler tous ces éléments, bien plus que de « simples » compétences, en vue de construire un projet qui va tenir la route tout en se montrant un facteur de réalisation et d'harmonie.

Chapitre 4
La notion de bilan

Un bilan : pourquoi donc le législateur a-t-il retenu le terme un peu revêche de *bilan* ? N'évoque-t-il pas davantage le bilan financier ou le bilan de santé ? Une revue rapide de ces deux différentes démarches, le bilan financier et le bilan de santé, montre qu'elles sont moins éloignées qu'il n'y paraît de prime abord de notre bilan de compétences. Il s'en dégage même quelques lignes de force de nature à enrichir notre sujet. Comparons d'abord le bilan de compétences et le bilan financier.

Bilan financier et bilan de compétences

Un tableau représentatif

Le bilan financier est un « tableau représentatif de l'actif et du passif d'une entreprise à une date donnée ». L'actif recense ce que l'entreprise possède, ce qu'elle recèle comme richesses, classées par catégories (terrains, matériel, stocks, créances clients, trésorerie...). En contrepartie, le passif énonce ses engagements, ce qu'elle doit. La différence donne la mesure du résultat, de son enrichissement.

Le bilan de compétences est d'abord un inventaire des compétences et des richesses sur le plan professionnel.

Conventions et règles du jeu

La lecture d'un bilan ne serait pas pertinente sans un minimum de conventions et règles du jeu ; pas plus que sa comparaison avec ceux d'autres périodes ou d'autres entreprises. Citons par exemple : la dépréciation progressive des investissements par le biais des amortissements, la reconnaissance d'incertitudes sur des créances ou des stocks anciens par le jeu des provisions...

Le bilan de compétences répond lui aussi à un canevas très précis.

Plus-values latentes

Toute convention a ses limites. Ainsi, un terrain sera repris pour sa valeur d'achat, quelles que soient la date d'acquisition ou l'évolution du marché foncier. Sa valeur au bilan peut donc masquer une plus-value latente considérable que la seule lecture du bilan ignorera.

Le bilan de compétences doit s'efforcer de tracer la juste valeur des acquis et des atouts.

On entend parfois dire que le bilan se prête à autant de versions que de destinataires : la banque, le fisc, les administrateurs, le chef d'entreprise, celui qui l'établit... Ce propos, pour être excessif, n'est pas complètement faux.

Il en est de même pour le bilan de compétences, dont la forme écrite des conclusions devra être adaptée à l'objectif visé (emploi, formation...).

Des annexes, non moins importantes

Aussi utile soit-il, au point d'être rendu obligatoire une fois l'an, le bilan doit donc être complété.

Il s'agira d'abord du « hors bilan », qui reprend notamment les engagements donnés et reçus, mais qui ne sont pas encore traduits dans les faits. Selon les cas, il peut s'agir de véritables

« bombes à retardement » ou, à l'inverse, de richesses potentielles. Il n'est pas neutre de les recenser et de nuancer ainsi les conclusions tirées du seul bilan.

En second lieu, il est devenu usuel, voire obligatoire, de compléter le bilan de « notes annexes ». Au fil des ans, celles-ci se sont enrichies à un point tel qu'on pourrait être tenté de les qualifier d'essentielles. Elles apportent en effet nombre d'informations précieuses sur les rubriques du bilan (détail des investissements et des cessions, nature et ancienneté des créances…), mais aussi sur des sujets complémentaires, utiles à la bonne compréhension de l'entreprise (ses effectifs, les événements postérieurs à la date du bilan…).

Enfin, il faut déployer d'autres moyens pour aboutir à une connaissance complète et pertinente de la situation : inventaires détaillés, diagnostics et expertises techniques, études de marché…, autant d'éléments de nature à enrichir et amender les seules indications du bilan.

Le bilan de compétences, lui aussi, connaît une seconde partie, portant sur le portrait de personnalité, les potentialités, les aspirations.

Projections et prévisions

Le bilan et les éléments complémentaires que nous venons de recenser ont une autre utilité : procéder à des projections financières et élaborer un ou plusieurs bilans prévisionnels. Les éléments factuels du passé et du présent, combinés à d'autres données et à des hypothèses, vont étayer cet exercice de façon à répondre à des impératifs de divers ordres :

- évaluer la rentabilité à terme,
- valider la bonne adéquation des ressources mises en œuvre,
- détecter les goulots d'étranglement, les blocages, les insuffisances,
- convaincre des tiers (investisseurs, analystes financiers, banquiers, partenaires éventuels, actionnaires… ou soi-même).

Tel est aussi le troisième volet du bilan de compétences : formaliser un projet professionnel crédible, évaluer sa pertinence et définir les moyens pour le réaliser.

Bilan individuel de santé et bilan de compétences

Situation de départ

Deux cas de figures : on consulte un médecin parce qu'on est malade, en « arrêt d'activité normale » ; ou seulement pour « faire un check up », sans être vraiment souffrant, on ne se sent peut-être pas parfaitement bien.

Dans le premier cas, l'objectif est de guérir au plus vite, dans le second d'aller mieux, et durablement, ou au moins de s'assurer que l'on va bien.

Convergences limpides avec le bilan de compétences : on peut y penser dans son emploi pour prévenir une menace, chercher à assurer l'avenir, mieux satisfaire des aspirations, confirmer la validité des choix ou, en situation d'arrêt de travail, pour sortir de ce mauvais pas et retrouver : ici la santé, là un emploi.

Liberté de choix

Chacun peut choisir son médecin en toute liberté. Selon le cas, on optera pour un généraliste ou pour un spécialiste. Dès le premier entretien, on est très sensible à ce qui se dégage de sa personnalité : qualités d'écoute, disponibilité, capacité à rassurer tout en prenant les choses au sérieux, franchise..., tout autant que de sa compétence, que l'on peut seulement supposer. Cet ensemble concourt à créer le climat de confiance indispensable.

Le bilan de compétences présente de nombreuses similitudes : liberté de choix du praticien, généraliste ou spécialiste, de qui l'on attend des qualités tout à fait semblables de compétence. Et pour que l'on poursuive la démarche avec lui et que l'on accepte de s'investir personnellement, il faut aussi se sentir en confiance.

La compétence du prestataire

La compétence qu'on suppose – et qu'on attend – chez le médecin est celle d'un expert. Il ne peut tout savoir sur tout, chacun en est bien conscient. On appréciera en premier lieu son écoute, puis sa méthode d'investigation, le soin, la réflexion, le diagnostic mûrement pesé, les explications.

Le premier élément d'appréciation objective de la compétence du consultant se situe au niveau de sa méthode d'investigation, de la qualité de ses questions et de son écoute.

Dans le corps du patient plus que dans la tête du médecin

Le médecin observe et questionne, palpe le corps, remonte dans le temps, même loin dans l'enfance pour comprendre son patient en globalité en partant de son historique. Il s'intéresse aux événements importants et note aussi des détails. Tout le « matériel de travail » qu'il rassemble provient d'abord des dires de son patient. Ce dernier comprend bien que, plus grande est sa sincérité, meilleures seront ses chances d'être bien compris et soigné.

On se trouve en situation analogue dans le bilan, à ceci près que le consultant ne palpe pas le corps de son interlocuteur. Histoire professionnelle, incidents de parcours, situation actuelle et ses origines, tout se passe « en clair », le bénéficiaire du bilan a conscience du caractère déterminant des informations qu'il communique et de l'importance de sa sincérité.

Analyses et tests pour approfondir et préciser

La santé est une affaire délicate et complexe, le doute est admissible, même chez un expert. Il ne peut tout savoir sur tout, on le sait.

Il complétera donc ses observations par des analyses et des tests, tout en ne leur accordant que la valeur relative d'indicateurs, ou d'évaluateurs de niveaux ou degrés. Le patient apprécie de connaître le but de ces analyses, les contraintes qu'elles impliquent, l'interprétation des résultats que l'on peut en tirer.

Le parallèle est clair au niveau des moyens d'investigation utilisés par ce consultant pour aller plus loin dans la compréhension de son interlocuteur, sa forme d'esprit, sa personnalité. L'interlocuteur en question attend lui aussi d'être associé à l'interprétation.

Serment d'Hippocrate

Le médecin a fait le serment de se consacrer sans réserve, en toutes circonstances et quoi qu'il arrive à soulager la souffrance et à guérir.

Si nous avons tous le devoir « d'assistance aux personnes en danger », pour lui c'est une raison d'être, absolue et permanente, de sa fonction.

Le consultant qui conduit un bilan de compétences se doit d'accompagner son interlocuteur jusqu'au bout de sa démarche, même et surtout à travers les difficultés qui peuvent entraver sa progression.

Secret médical

Le secret est pratiqué scrupuleusement par le médecin. On est assuré que l'échange d'informations et le résultat des examens ne sortiront pas de son cabinet.

Le bilan de compétences est soumis à la même obligation de confidentialité quant à son contenu. On peut même faire son bilan à l'insu de son employeur, comme on peut consulter un médecin sans que personne ne le sache, sauf l'organisme financeur.

Recommandations

Le médecin va rédiger une « ordonnance », mais la liberté du patient reste entière de la suivre ou non. Combien d'ordonnances sont-elles allées directement au panier parce que le malade ne se sentait pas bien en phase avec ce nouveau médecin ? Parce qu'il le sentait trop éloigné de lui, de son problème, de ses attentes… ?

Dans le bilan, c'est l'intéressé qui écrit son ordonnance, avec l'aide du consultant, notamment pour discerner le rêve de la réalité.

Changer de mode de vie pour une plus grande harmonie

Au-delà du soin immédiat, on attend du médecin des conseils pour trouver un meilleur équilibre entre contraintes et aspirations. S'il émet alors une suggestion et formule un mode opératoire, ce n'est pas un ordre formel, tout au plus une recommandation, une proposition de choix de vie qui reste soumise à la décision du patient, au moment où sa motivation l'emportera sur l'effort à fournir pour y parvenir, même au prix de changements importants dans son mode d'existence.

On retrouvera dans le bilan de compétences ce type de proposition : « voici ce dont vous êtes capable, ce que vous pourriez réaliser en mobilisant tous vos atouts, il vous appartient, si vous le voulez, d'en prendre la décision et les moyens ». Les projets professionnels sont différentes expressions du possible aujourd'hui, possible demain.

Se prendre en charge

Lorsque la coopération médecin/patient atteint un certain stade, ce dernier a appris du médecin à se connaître mieux, s'observer, s'écouter et se comprendre, au point d'être capable à terme, non pas de se soigner en cas de maladie, mais de se maintenir en bonne santé en pratiquant une automédication que le médecin aura pu juger raisonnable et sans risque.

C'est encore plus vrai dans le cas du bilan de compétences où, en peu de temps, le bénéficiaire aura tiré de son partenaire les règles d'autogestion de son projet professionnel.

2
Démarche, contenu, vécu du bilan

Chapitre 5
Contenu du bilan de compétences

Après ces premières réflexions sur le fond et l'environnement du bilan de compétences, nous voyons mieux à quoi répond la démarche qui nous intéresse, dans quel cadre elle se situe, avec quelles autres démarches elle présente des similitudes originales. Resserrons maintenant notre propos et examinons le bilan de compétences de plus près.

Une vision élargie du parcours professionnel

Une compétence est toujours positive

À première vue, selon le libellé de « bilan », on pourrait penser qu'il s'agit surtout, voire exclusivement, de faire le point sur les compétences : les identifier, les jauger, porter éventuellement un jugement sur leur adéquation à une situation. Nous allons voir qu'il est possible d'élargir considérablement l'angle de vision.

D'abord, n'accordons pas de crédit au sous-entendu selon lequel il pourrait exister du positif et du négatif dans les compétences : celles-ci ne peuvent être que positives. Si minime que soit la compétence, le fait qu'elle existe est toujours un facteur positif. Si elle n'existe pas, son absence ne constitue une lacune que par rapport à une situation donnée. Situation qui peut changer demain.

Quand quelqu'un nous dit : « Je veux faire le bilan de mes points forts et de mes points faibles », que cela se situe au niveau des compétences ou, plus encore, des traits de sa personnalité, nous devrions lui répondre : « Vous n'avez que des points forts. Si certains sont insuffisants ou inadaptés, si vous risquez de vous trouver de ce fait en difficulté dans telle ou telle situation, ce que le bilan vous permettra de mieux évaluer. Vous pourrez décider alors, soit de renforcer ou adapter ces points, soit d'éviter les situations en question. »

Pourquoi évaluer les compétences ?

On comprend rapidement que l'intérêt d'un tel bilan est de valoriser les compétences acquises, puis de les compléter, notamment par la formation, dans la perspective de mettre en œuvre un projet professionnel réaliste.

Il est étonnant de voir à quel point la plupart des gens méconnaissent leurs propres compétences. L'individu, placé dans un contexte de confiance, donc de sincérité, a le plus souvent tendance à sous-estimer ses qualités. Mais, les compétences ? Il s'agit là de notions objectives : s'il est parfois difficile de les évaluer avec précision, on devrait pouvoir au moins les identifier ! L'expérience montre que beaucoup de compétences sont « oubliées » dans un fond de tiroir par leurs propriétaires.

D'autres ont une certaine conscience de leurs compétences, mais pas le diplôme correspondant. En France, le diplôme est un préalable indispensable. Il officialise les connaissances théoriques nécessaires pour fonder les compétences. Non seulement il ouvre les portes, mais il peut « travailler » pour le compte et à la place de son bénéficiaire, pendant longtemps, voire pendant toute une carrière. Un diplômé de grande école d'ingénieurs a beaucoup plus de chances de terminer directeur qu'un autodidacte, même génial. C'est heureusement de moins en moins vrai, mais ce genre d'aberration, gravée dans le marbre de nos traditions, a la peau dure. Il est d'autant plus utile, dans ce cas, de pouvoir valoriser ses compétences : le bilan de compétences est tout indiqué pour y contribuer.

Comment faire cette évaluation ?

Il est possible de procéder en trois temps.

D'abord, identifier les compétences, en partant tout simplement des activités exercées dans chaque situation professionnelle. Si j'ai accompli différentes tâches, je l'ai évidemment fait avec certaines compétences, du moins les ai-je acquises avec le temps. Cet inventaire des activités mérite d'être établi en se remémorant chaque poste occupé, sans oublier de mentionner les activités exercées occasionnellement hors des attributions habituelles du poste (missions spéciales, remplacements, activités para-professionnelles...).

On peut ensuite déterminer l'origine de ces compétences :

- ce qu'elles doivent à la formation, connaissances théoriques et méthodes, qu'il s'agisse de formation initiale ou de formation professionnelle continue,
- et ce qu'elles tiennent de l'expérience pratique sur le terrain.

Ces deux notions peuvent être dissociées car elles sont de natures bien différentes.

On en vient enfin à une estimation du niveau des compétences, synthèse globale des deux entrées « connaissances acquises par la formation » et « expérience acquise par la pratique ». Cette estimation ne peut être qu'assez globale et, du fait même qu'elle est la résultante de deux notions très différentes, présente surtout l'intérêt de mettre en évidence les niveaux élevés de compétences.

On pourra alors mentionner la maîtrise et l'expertise. La maîtrise consiste par exemple, au-delà de l'exécution en autonomie, à dominer son domaine au point de pouvoir former un assistant dont on sera capable de superviser l'action tout en prenant en charge soi-même d'autres responsabilités. Quant à l'expertise, on peut la définir comme la capacité à apporter un « plus » professionnel à un groupe de personnes ayant toutes déjà le niveau de la maîtrise.

Guidé par des fils conducteurs

Un travail parfois difficile à réaliser, mais toujours riche d'enseignements quand on peut le mener à bien, consiste à rechercher les fils conducteurs qui ont inspiré les décisions importantes dans les carrefours de la carrière.

Après avoir analysé jusque-là les routes, les postes occupés, analysons aussi les croisements, les raisons des choix et des refus, les influences subies. Les fils conducteurs, les tendances de fond, les répétitions (tant dans les succès que dans les erreurs !) forment un enchaînement, dont la mise en lumière sera très profitable au moment de définir un projet.

« En faisant ce travail, j'ai réalisé que c'est toujours quand je me suis trouvée devoir créer mon poste à partir de rien que j'ai été la plus performante et éprouvé le plus de plaisir »

ou au contraire :

« Je paniquais quand je me trouvais chargé de responsabilités nouvelles sans avoir eu le temps ou les moyens de m'y préparer. Je me suis trouvé plusieurs fois dans cette situation ».

Ne l'oublions pas, le but poursuivi n'est pas de faire un bilan de compétences pour le bilan lui-même, mais pour élaborer un projet fort, viable, crédible, le mener à bien et s'épanouir professionnellement et personnellement.

Pour en faire quoi, concrètement

Même si ce travail d'inventaire des activités a pu avoir été un peu facilité par une répartition des activités en grandes familles, par exemple « technique-production/administration-gestion/commercial-marketing/animation-communication », cela reste un travail assez fastidieux quand on a occupé de nombreuses fonctions différentes dans le passé.

Pour approfondir cette démarche d'analyse, on peut avoir présent à l'esprit que l'intérêt de cette approche réside non seulement dans l'évaluation des compétences, mais aussi dans le plaisir que l'on a éprouvé à l'époque en exerçant telle ou telle activité.

Nous partons de l'idée que si une corde personnelle a vibré autrefois face à une situation, une tâche ou une responsabilité, il n'est pas question de chercher à les reproduire à l'identique, mais cette corde pourra vibrer à nouveau dans une situation similaire.

Pour illustrer cette idée, une image : chaque fonction assumée dans le passé est comme une maison que vous auriez habitée pendant un temps, avec ses matériaux, son mobilier, sa décoration, chacun de ces éléments symbolisant les attributions, les activités dans le poste. Une maison – ou des activités – que vous auriez construites vous-même ou trouvées en l'état.

Ce travail d'analyse consiste à démonter ces différentes maisons successives, classer les matériaux par familles – gros-œuvre, second-œuvre, décoration, ameublement... –, puis par intérêt éprouvé à l'époque – intérêt majeur, certain, moyen, faible ou rejet.

Les centres d'intérêt majeurs et certains – les rejets aussi ! – sont autant de repères qui aideront à vous orienter dans le futur : il s'agira alors de sélectionner les matériaux et mobiliers que vous souhaitez voir entrer dans la construction et l'aménagement de la maison future, qui sera le nouveau projet professionnel.

À cet égard, des compromis devront déjà être trouvés entre plaisir et réalisme : un grand meuble peut avoir une valeur marchande modeste, comme un petit bibelot une forte valeur affective.

Si c'est le cas, rien ne vous empêche d'acquérir par la formation une compétence de bon niveau dans cette activité qu'il vous plairait tant de conserver ou de reprendre.

Le parcours professionnel a été étudié en profondeur, quantitativement et qualitativement.

Nous allons entrer maintenant dans une seconde étape toute différente, visant à mieux se connaître, avant de se projeter dans l'avenir au cours d'une troisième étape de définition de projets.

Une approche ouverte de la personnalité

D'abord un dialogue

Bien sûr il y a une méthode, des outils, des documents, mais le bilan de compétences passe avant tout par le dialogue. Il ne s'agit pas d'un travail écrit, réalisé seul et à distance avec corrigé par correspondance ou e. mail ! Les documents sont des canevas, donnent des thèmes de réflexion, proposent des guides et questionnaires à l'occasion ; tout cela est seulement destiné à préparer les séances de travail en entretiens de face à face entre une personne qui réfléchit et une autre aidant à réfléchir. On se centre sur la recherche du sens, on s'exprime par le verbe.

Si le bilan est conduit par deux consultants, il y a alternance de dialogues avec l'un et avec l'autre, selon les thèmes abordés, et des synthèses à trois qui ont une fonction particulière.

Prise de conscience

Les changements vrais ne sont pas déclenchés et « motorisés » par argumentations cartésiennes, exhortations, encore moins jugements de valeur, mais exclusivement par des prises de conscience.

Prises de consciences elles-mêmes initiées par des questions qui font réfléchir : de bonnes questions posées aux bons moments dans un climat de confiance, des réponses élaborées dans le cheminement d'une réflexion qui aboutit le plus souvent après un délai de progression latente.

Toute tentative d'intervention extérieure pour accélérer le processus peut l'interrompre, recrée instantanément une barrière de protection contre une prise de conscience à la suite de laquelle douleur et efforts précéderont toujours le bénéfice.

On l'a dit, le pire est le jugement de valeur – tout jugement ordinaire risquant d'être promu jugement de valeur par le récipiendaire – qui détermine aussitôt une position de défensive afin d'expliquer – en fait justifier – l'attitude ayant prêté à jugement. L'énergie de la victime, qui mérite bien alors d'être appelée ainsi, est dirigée vers l'extérieur pour résister à une attaque et non vers l'intérieur pour déménager le mobilier et éclairer les recoins. La prise de conscience n'est possible que dans un contexte positif, dépourvu de tout esprit moralisateur et de tout intérêt personnel de l'intervenant extérieur.

C'est pour cette raison que la prise de conscience est si difficile dans le cadre de l'entreprise, notamment dans les entretiens annuels, quand le supérieur hiérarchique a intérêt – c'est bien évident – à voir son collaborateur adopter tel ou tel comportement. Même dans un bon climat, l'entretien annuel reste le plus difficile des actes de management.

La situation est tout autre en bilan de compétences. Le consultant est à la fois libre quant à ses méthodes et libre vis-à-vis de son interlocuteur. Il a un devoir d'assistance, pas un devoir d'insistance à faire prendre conscience, et les prises de conscience s'opèrent de manières personnelles, diverses, inattendues.

« On travaille sans en avoir conscience tout le temps pendant le bilan, c'est une occasion rare dans le domaine professionnel. »

« On va à l'essentiel après le détour d'une analyse de détail : on découvre le droit à être, puis le devoir d'agir. Je suis devenue sujet de mon avenir et apte à décider. »

« La démarche est très enrichissante, notamment l'appel à la mémoire lointaine, la rétrospection. On retrouve des choses enfouies dans le disque dur ! »

« Cela fait du bien, comme un grand nettoyage de printemps. Je n'avais jamais ressenti de tels effets. »

« Le bilan m'a sans doute permis d'accepter un licenciement. Sinon, je me serais peut-être laissé écraser encore davantage. Avant, je me disais que je ne pouvais rien faire d'autre… Le bilan de compétences m'a-t-il fait trop rêver ? Dans ce cas mon conseiller ANPE me ramènerait vite à la réalité : on veut des gens compétents tout de suite. En tout cas le bilan m'a convaincu que la reconversion est possible. »

Rythmes et rituels

Chaque individu a ses rythmes propres et ses chemins privilégiés. Le consultant ne doit pas imposer les siens au bénéficiaire du bilan. Si ce dernier marque le pas, semble stationner, régresser presque, cela signifie que l'on ne comprend pas quelque chose. Le dire, en parler librement – le verbe et la recherche du sens, toujours – est la meilleure manière de mettre à jour le point de blocage, d'avoir une chance de dénouer la situation. Ceci, à toutes les étapes du processus : séances d'investigation sur le parcours professionnel, analyse de la personnalité, élaboration des projets, suivi.

Par rituels, nous entendons la manière propre à chacun d'entrer dans le sujet, en direct ou en détours, avec un écrit préalable réduit à trois mots ou foisonnant en trois pages, avec un peu de frime ou beaucoup de pudeur…

Ce que le consultant reçoit « objectivement » et visiblement comme information, comme matière de travail, est moins important que ce que son interlocuteur « ressent et rumine subjectivement et intérieurement ». Le consultant lui aussi doit faire confiance.

Carrefours et rencontres

Comme on l'a fait déjà au niveau professionnel, les carrefours importants et les rencontres marquantes sur le plan personnel vont être évoqués, en remontant plus loin dans le passé : famille, jeunesse, études, choix déterminants, opportunités saisies ou manquées…

Il est intéressant de noter que, dès le premier article du décret d'application concernant le bilan de compétences, le législateur associe plusieurs fois les mots professionnel et personnel, comme pour montrer que ces deux plans sont très imbriqués et indissociables.

On voit d'ailleurs souvent en bilans de compétences des gens, hommes surtout bien sûr, qui ont dissocié pendant vingt ans ces deux volets de leur vie et ne supportent plus de continuer ainsi pendant les vingt ans à suivre.

« Le bilan m'a aidé à comprendre à quel point le professionnel et le personnel sont liés. Il s'est déroulé dans le climat de confiance nécessaire pour avancer et aboutir dans ces deux voies. »

Auto-analyse

Nous l'avons déjà mentionné, mis en confiance l'individu est sincère. Mais est-il lucide sur lui-même ? Oui, malgré un voile général de sous-estimation de soi.

Il faut aussi tenir compte du poids de l'éducation, capable d'entacher certains traits de caractère de connotations vertueuses ou honteuses.

Nous pouvons donc considérer :

- qu'une auto-évaluation permettra de définir un profil général juste dans son ensemble ;
- que le dialogue qui suivra aussitôt permettra d'ajuster et nuancer ce profil pour le préciser même dans le détail.

Cette épreuve demande effort et concentration, justifiant qu'on aide l'intéressé par un guide et un canevas. Celui que nous proposons (au chapitre 13) est simple : trois groupes de vingt-cinq qualificatifs caractérisant respectivement la forme de l'intelligence, les traits de personnalité, les comportements professionnels.

Le travail consiste à souligner les qualificatifs que l'on estime spécialement appropriés, d'encadrer ceux qui sont notoirement dominants et de cocher parmi les autres ceux qui méritent un commentaire.

Le dialogue qui suit met du relief dans ce profil et permet de nuancer les choses en s'expliquant sur des notions voisines, parfois confondues, comme affectivité/émotivité ou activité/dynamisme, d'approfondir également si cela est utile ou souhaité.

C'est l'intéressé qui détermine la profondeur de l'analyse, parfois en plusieurs « plongées ». Il est même arrivé que l'on reprenne en cours de suivi une réflexion sur la personnalité restée trop superficielle pendant le bilan.

Le double intérêt de cette méthode tient dans :

- son pilotage par l'intéressé lui-même ;
- sa limpidité : le langage est clair, on définit le sens des mots par des exemples concrets.

«...Me voir sous un autre angle, une ouverture sur moi, avec un autre regard... explorer mon histoire, mes potentialités... »

« Je ne m'attendais pas à ce que cela représente un tel travail personnel de réflexion et de recherche ! »

« Pendant le bilan, je me disais : ils ne font pas grand'chose, c'est moi qui bosse ! Mais tout seul, je ne l'aurais jamais fait. Vous m'avez accompagné en m'obligeant à avancer. »

« On remue beaucoup de choses dans le bilan de compétences, c'est un travail en profondeur sur soi. Je suis parée pour parler de moi, et meilleure dans les entretiens. »

« Je cherchais un avis neutre, un miroir de réflexion. »

« On ne sait pas réfléchir sur soi. On s'adresse au consultant en croyant qu'il va tout nous dire sur nos compétences. Mais son rôle de guide ne dispense pas d'un gros travail personnel. Tout au plus, il donne l'impulsion, il faut prendre le relais. »

Un regard extérieur

Même si, l'expérience le montre, l'exercice d'auto-analyse se révèle le plus souvent très juste, le bénéficiaire du bilan attend toujours une « contre-expertise » de la part du consultant.

L'analyse graphologique apporte une réponse, en esquissant le profil de ce que l'individu a fait de ses atouts hérités.

Ces méthodes ont leurs adeptes et leurs détracteurs, tout aussi passionnés. Qu'elles soient considérées comme arts, techniques ou mystifications, peu importe. Utilisons-les comme des outils d'approfondissement et de réflexion (comme le miroir qui « réfléchit » l'image) et de dialogue : « votre écriture dirait de vous que..., qu'en pensez-vous ? ».

Il se trouve que notre pratique de la graphologie, toujours utilisée pour dialoguer de près, jamais pour préjuger de loin, rencontre toujours l'adhésion.

C'est d'ailleurs justement en cherchant à comprendre par le dialogue un désaccord à première vue, que l'on parcourt les chemins les plus enrichissants qui permettent de le comprendre et le dépasser. L'outil d'investigation est utile en ce qu'il désigne ce dont il serait le plus intéressant de parler ensemble.

Potentialités

On dit que le regard donne la vie. Sans nous laisser emporter par les belles images, reconnaissons qu'on ne voit pas toujours clairement ses propres potentialités. Le regard d'un autre peut les déceler, identifier, nommer, animer…

Les potentialités individuelles sont sans doute les caractéristiques les plus difficiles à cerner dans le court délai du bilan, sans possibilité d'expérimentations concrètes. Ce sont pourtant des données importantes : couplées avec la motivation, elles vont permettre à quelqu'un de franchir tous les obstacles, même dans une voie difficile.

Leur recherche met en jeu tous les moyens d'investigation du bilan : l'auto-analyse, l'expression des aspirations, les succès dans le parcours professionnel, les dons et les rêves de jeunesse, l'étude graphologique, les tests de forme d'intelligence et de personnalité, les loisirs et, bien entendu, les échanges en entretiens. Toutes ces voies donnent accès à des informations dont on pourra tirer des potentialités non exploitées ou même non exprimées. Prêtes à se réanimer, dans un contexte extra professionnel… ou professionnel.

Les tests

Rappelons quelques données de base :

- les tests sont classés en trois familles : formes et niveau de l'intelligence, personnalité (questionnaires typologiques et tests projectifs), aptitudes (souvent manuelles) ;
- ils doivent être fiables, c'est-à-dire valides (étalonnés sur un grand nombre), sensibles (discriminateurs) et fidèles (constants dans le temps et dans les différentes parties du test) ;

– ils doivent être présentés selon une procédure stricte, corrigés, interprétés et commentés par un psychologue.

En ce qui nous concerne, nous ne faisons pas entrer de tests d'aptitudes dans le cadre des bilans de compétences et nous nous interdisons de pratiquer des tests projectifs, pour des raisons déontologiques, dans le contexte professionnel. Nous proposons dans les bilans une douzaine de tests d'intelligence et deux ou trois questionnaires de personnalité.

Les tests ont souvent mauvaise réputation chez ceux qui les subissent, en tant qu'épreuve de sélection le plus souvent, avec l'enjeu important d'être retenu ou recalé. À cette réserve s'ajoute notre constatation que les responsables de sélection ont tendance à faire des tests un usage abusif en nombre, en nature (projectifs), en qualité de mise en œuvre (pour aller vite), en défaut de retour aux intéressés, voire dans l'interprétation. Tout cela sans nécessité véritable : des entretiens bien menés sont assez riches pour ne pas avoir besoin de faire appel à des tests.

Un autre reproche est parfois évoqué : le côté mystérieux, « cabalistique », de certains tests, qui peut donner un sentiment de piège. L'expérience démontre que ce sont vraiment la gravité de l'enjeu et les conditions d'administration des tests qui induisent ces images négatives : dans des atmosphères sans menace (d'être rejeté) et détendues comme celle du bilan de compétences, la plupart des personnes se laissent prendre par le côté ludique des tests et sont très attentives à l'échange qui s'engage à propos de l'interprétation des résultats.

Quand on explique la finalité d'un test, ce qu'il mesure, quel est son mécanisme (cette démystification étant bien sûr une entorse à la règle, car favorisant légèrement le résultat), quand chacun choisit librement les tests qu'il veut passer, le côté ludique est souvent une source de plaisir.

« J'ai passé tous les tests que vous m'avez proposés. Je fais partie des gens pour qui c'est un jeu. Et la situation ne présentait aucun risque pour moi. »

Dans ces conditions, il arrive que les tests soulèvent peu d'intérêt, mais ils ne sont pratiquement jamais rejetés.

Pour un autodidacte, il est même très gratifiant d'avoir la preuve, par d'excellents résultats en niveau intellectuel, qu'il aurait pu suivre avec succès des études supérieures. C'est une sorte de réhabilitation, surtout pour ceux qui ont été littéralement condamnés à s'orienter vers une scolarité courte et aussi peu intellectuelle que possible.

Certains ont abandonné l'école par rejet ou rébellion, d'autres pour des raisons financières, c'est surtout pour ceux que l'école a abandonnés que cette réhabilitation est importante. Le leur dire ne suffit pas toujours, le test donne une sorte de preuve qui rassure.

« *Un peu inquiète au départ, j'ai été très vite mise à l'aise par les consultants. J'attendais les séances suivantes avec impatience. Les tests m'ont beaucoup plu.* »

En conclusion, il nous semble que la triple approche : autoanalyse, étude graphologique et tests, en considérant chaque « résultat » comme un thème de dialogue et non un verdict, permet à chacun d'acquérir une bonne connaissance de sa personnalité et de ses aptitudes intellectuelles.

« Bilan de compétences », une appellation réductrice

En analysant le contenu et la portée du bilan, nous revenons sur une question déjà posée plus haut : pourquoi l'avoir nommé ainsi ? C'est beaucoup plus qu'un bilan et bien d'autres choses que des compétences.

Aurait-on dû l'appeler « la valorisation des atouts » ou le « nouveau projet professionnel » ?... Nous n'avons pas trouvé l'appellation parfaite.

Le nom n'aurait pas en soi une importance primordiale, s'il ne risquait pas de tromper sur le contenu, tant que l'outil n'est pas bien connu et entré dans le paysage.

Après huit ans d'existence, nous n'y sommes pas encore. Après tout, s'il faut dix ans...

Orientation, élaboration et conditions de succès du projet

Au pied du mur

Après avoir analysé le parcours professionnel puis, dans les limites souhaitées par l'intéressé, exploré les profondeurs de sa personnalité, le voici face à la mission de devoir définir un projet professionnel. Un projet répondant aux aspirations de son auteur, épanouissant, satisfaisant à tous égards. Le consultant va-t-il le sortir de son chapeau ou de son ordinateur ? Non, nous verrons plus loin que ce serait une faute de sa part.

Guidé et porté jusque-là par le fil conducteur de la méthode, maintenant devant cette page blanche, on éprouve souvent un vertige, une paralysie de l'imagination. Sentiment bien normal devant l'importance de l'enjeu.

Une bonne méthode peut aider à franchir ce cap.

D'abord en rassemblant soigneusement tous les facteurs utiles :

- une fiche de synthèse sur le parcours professionnel et les compétences : fil conducteur du parcours, activités d'intérêt majeur, carrefours significatifs ;
- une fiche de synthèse sur la personnalité : traits dominants, potentialités non exploitées, aspirations fortes non satisfaites ;
- une réflexion sur les qualités que l'on attend de l'environnement professionnel, les contraintes, financières, géographiques, familiales, de santé…

On a ainsi passé au crible le magasin des pièces détachées de manière à en sortir tous les facteurs auxquels on souhaite faire une place dans le projet.

Le noyau dur

Après avoir hiérarchisé tous les facteurs, nous proposons au candidat de décrire d'une phrase l'essentiel de ce qu'il vise dans son projet – une phrase à tiroirs le plus souvent car nous n'avons pas la capacité de synthèse nécessaire pour la faire tenir en une ligne ! Il ne s'agit pas encore de dénommer ce projet avec exactitude, seulement de le décrire dans sa finalité en se limitant à son « noyau dur ». Celui-ci sera le tronc commun à tout projet possible, la référence.

Un exemple de noyau dur, pour un dirigeant d'entreprise :

- *« Être un acteur clé*
- *dans une PME,*
- *de services,*
- *dans un domaine où la technique joue un rôle majeur,*
- *dans un contexte où recherche, création, innovation sont présentes,*
- *avec un rôle contribuant à améliorer la qualité de vie des utilisateurs ».*

Devenu adjoint du DG d'une banque d'importance moyenne mais spécialisée, sa mission consiste actuellement à créer un réseau bancaire sur l'ensemble d'un continent.

Ou encore cette grande phrase à grands tiroirs, à laquelle cette jeune femme agent de maîtrise a dû se résoudre pour exprimer tous les aspects réellement importants de ses projets :

- *« Jouer un rôle actif, responsable et déterminant dans la création, l'amélioration, le développement d'une organisation ;*
- *consacrer une part importante de mon activité à des actions relationnelles, de communication, recherche d'adhésion, conduite de groupes de travail, formation, notamment de jeunes ;*
- *contribuer à la qualité de vie, au développement et à l'épanouissement des personnes dans l'organisation ;*
- *motiver et dynamiser une petite équipe face à des enjeux forts de l'unité ;*
- *pouvoir me consacrer à des analyses en profondeur, une réflexion approfondie sur des problèmes à résoudre, la recherche de solutions, l'amélioration du fonctionnement de l'unité ;*
- *travailler dans un climat de grande confiance réciproque avec ma hiérarchie opérationnelle et fonctionnelle. »*

Est-il possible de satisfaire autant d'aspiration dans une seule fonction ? Elle est maintenant l'adjointe d'un ingénieur responsable de l'implantation d'un système de qualité totale dans un département d'une centaine de personnes au sein d'une Direction d'Études et Recherches.

Les projets

Dans ce condensé des compétences et aspirations qu'est le noyau dur de référence, se trouvent le plus souvent toutes sortes de projets possibles. Ceux-ci peuvent émerger de la réflexion, des discussions avec les consultants ou de l'exploration des sources d'information que sont les centres d'information et d'orientation et les organismes de formation.

Il est bon de faire cette recherche dans l'esprit le plus ouvert possible, créatif, sans se contraindre d'emblée par des limites trop raisonnables. Une idée folle tombera d'elle-même, mais après avoir peut-être servi de passerelle vers une autre idée qui mérite d'être retenue.

Vont ainsi prendre forme et ressortir de cette réflexion plusieurs projets, dont on pourra vérifier pour chacun la conformité aux principes fondamentaux du noyau dur.

Ces projets s'expriment souvent en final sous la forme d'une fonction dans un type d'entreprise, par exemple « comptable unique dans une petite entreprise de services ». Ils peuvent également être définis de manière plus globale, au moins momentanément.

L'expérience nous a montré que leur nombre peut être parfois impressionnant, précisément huit projets dans deux cas vécus. Ces nombres exceptionnellement élevés se justifiaient dans un cas par le croisement entre trois voies également prioritaires, — culture, environnement et artisanat–, ainsi qu'un enchaînement de concours administratifs déterminants, avec limites d'âge et aides financières à la clé. Dans l'autre cas, une lourde contrainte de santé hypothéquait l'avenir : richesse de la pensée, éclectisme et ouverture d'esprit n'étaient pas soutenus par une solidité physique de même niveau.

Lorsque plusieurs projets sont possibles, ils sont en général hiérarchisés, avec un ou deux projets prioritaires, qui vont faire l'objet des recherches les plus actives. Les autres projets sont :

- soit des pistes possibles, de moindre intérêt mais permettant « d'assurer »,
- soit, tout au contraire, des centres d'intérêt puissants dont la réalisation sera différée pour être mieux préparée.

« J'ai décidé de mettre en chantier notre deuxième enfant juste après le bilan. Mon fils a donc presque deux ans, mon congé parental se termine et ma 'veille' est de plus en plus active pour mettre en œuvre un projet professionnel.

J'ai ressenti la détermination des projets comme le temps fort du bilan. Incitée à me mobiliser et à réveiller des aspects un peu endormis de ma personnalité et de mes aspirations, j'ai défini trois projets correspondant bien à ce que je suis : travailler dans une petite équipe de consultants pluridisciplinaires, avoir une activité centrée sur la formation et la communication, agir dans le domaine de l'humanitaire.

Je connais quelqu'un qui va avoir besoin d'être aidé pour développer une activité de communication globale par les nouveaux médias, avec ouverture sur l'Europe, qui s'inscrirait parfaitement dans l'axe de mon bilan. Je m'y prépare ! »

Conditions de réussite des projets retenus

Apparemment, un projet n'a de pertinence indiscutable que lorsqu'il s'est réalisé. Jusque-là il apparaît comme une vue de l'esprit, suspendue dans l'espace et dans le temps. Dans cet esprit, le bilan de compétences ne s'arrête pas à l'élaboration du projet, la démarche se poursuit, sur trois plans :

- processus de réalisation : planning de recherches, contacts, relais…
- moyens nécessaires, en tout premier lieu la formation
- définition d'objectifs, de délais et de critères de réussite.

Autant nous pensons que les consultants responsables d'accompagner les bilans ne doivent pas se substituer aux intéressés pour définir leurs projets – nous reviendrons largement sur ce point –, autant il nous apparaît important qu'ils s'engagent au niveau des conditions de mise en œuvre et de réussite de ces projets.

Écoute approfondie et perception des attentes

Rêve et réalisme, la prise d'angle juste

Cette dualité entre rêve et réalisme est de la plus grande importance quand on aborde la définition des projets et des choix professionnels qui vont en découler. C'est une notion tout à fait fondamentale : privilégier le rêve revient peut-être à se lancer dans une voie sans issue ; mais s'accrocher au réalisme, peut faire risquer de passer à côté d'une grande réalisation de soi et de rester dans une certaine grisaille.

S'il n'existe évidemment pas de règle simple pour être certain de choisir la bonne voie, il est toujours possible d'avancer parallèlement en poussant l'analyse de la faisabilité du projet idéal le plus loin possible. Ne serait-ce que pour se confirmer qu'il correspond décidément de façon parfaite à ses aspirations, et qu'on serait réellement disposé à tous les sacrifices nécessaires pour y arriver.

Notre premier bilan de compétences, il y a six ans : un cadre responsable du service de gestion des approvisionnements dans une usine de hautes technologies, dont la fonction allait disparaître à moyen terme, avait fait son choix :

« Mon rêve serait de monter un commerce en franchise. »

On en était aux conditions de réalisation et de succès, mais :

« Je dois y renoncer : au feu dix-huit heures par jour, je perdrais toute disponibilité à mes enfants. Par ailleurs, le risque financier serait pour ma femme une épreuve difficile à surmonter. »

Il a choisi de se former en longue durée à la gestion d'une PME pour viser ensuite un poste d'adjoint à dirigeant de PME, formation tout à fait pertinente pour le cas où, plus tard, le projet d'une franchise pourrait redevenir d'actualité.

C'est souvent le profil du troisième projet : un intermédiaire entre le réalisme et le rêve, permettant de se préparer à réaliser plus tard le projet idéal en limitant les risques.

Ces différents projets se caractérisent par leur « prise d'angle » par rapport à la continuité de la trajectoire précédente.

- Poursuivre dans la même voie, même ailleurs, c'est la « prise d'angle zéro », qui peut rassurer un nouvel employeur ayant ainsi le sentiment de courir un minimum de risque d'échec.
- Se lancer dans le projet idéal, c'est la prise d'angle maximale. Échouer n'est jamais souhaitable, sauf dans le cas particulier où cela permet de faire le deuil de son rêve, au lieu de vivre ensuite dans le regret de n'avoir pas osé essayer ; ou bien, si cet essai débouche sur la décision de remettre la chose à plus tard après l'avoir préparée avec soin.

C'est par exemple le cas de ce vendeur de produits industriels dont le rêve était de :

« Monter avec des amis un élevage de visons »,

conscient de l'importance de l'angle à prendre et qui décide de s'y préparer en commençant par exercer momentanément le métier de *« représentant indépendant en produits industriels ».*

Ou également cette jeune femme, cadre en gestion de ressources humaines dans une grande banque, déçue par les méthodes de management pratiquées autour d'elle, ayant défini le projet de :

« M'associer avec un gestionnaire pour monter une école d'équitation ciblée sur des cadres supérieurs et dirigeants, employant entre autres des handicapés légers. Avec une visée thérapeutique double, le cheval pouvant permettre autant de prises de conscience utiles aux uns que d'aide à l'intégration des autres. »

Que sont-ils devenus ?

Elle, a choisi finalement de prendre un angle limité, mais au sein d'une DRH plus conforme à sa propre éthique, pour se donner le temps de préparer minutieusement son grand projet.

« Le bilan m'a confirmée dans une voie où j'étais considérée comme incompétente. Je suis maintenant responsable des RH dans une société de services. Je veux progresser dans cette voie, très exigeante sur le plan de la qualité. » Et 'le' projet ? *« Il est toujours dans un coin de ma tête. Plus tard… quand je serai à l'abri des contraintes financières… »*

Lui, a progressé dans la continuité :

« Un an après le bilan, j'ai quitté mon entreprise pour devenir directeur commercial dans une petite entreprise de produits industriels. Je ne regrette pas cette décision, mais conserve très présents à l'esprit mes deux

autres projets de l'époque : me mettre à mon compte comme agent commercial indépendant en produits à caractère technique, plus tard lancer cet élevage de visons. Nous en reparlerons peut-être bientôt ! »

Quatre ans après, ces deux projets ne se sont donc pas réalisés. Pas encore ? Ou peut-être jamais. Mais faut-il absolument qu'un rêve s'accomplisse pour être utile ? Donner une impulsion, la joie d'imaginer, de créer, à quelqu'un qui, remis en selle dans une nouvelle dynamique, trouvera une autre voie pour se réaliser, est-ce inutile ?

« Finalement je me sens bien, même si je ne fais pas ce que j'aurais pu ou désiré faire… »

On trouve aussi des « rêveurs de projets » qui vont au bout, en coureurs de fond ou en sprinters. Voici deux exemples – à ne pas considérer comme une généralité ! – de prises d'angles maximales « arrachées » par la force de la motivation.

La quarantaine, ayant créé une entreprise avant d'être contraint de la fermer avec des dettes, le voici face à la définition de son nouveau projet professionnel :

« Je choisis la sécurité, pendant au moins deux ans, en acceptant cette proposition d'un poste d'adjoint au responsable national d'une fédération de PME dans un secteur professionnel que je connais bien. Je vais me refaire une santé, déjà financièrement pour finir de payer mes dettes, avant de creuser mon projet idéal de monter un centre de loisirs/culture/artisanat/nature/bio dans une région touristique. Je ne vais pas me faire avoir encore une fois en me jetant sur le chiffon rouge ! »

Deux mois plus tard :

« Je viens de démissionner, avant de me fâcher avec un patron dont les méthodes ne me convenaient pas. Mon projet de centre naturel, c'est pour tout de suite. J'ai passé le week-end avec ma femme dans la région dont je vous avais parlé. On a vu une grande maison adaptée avec plein de dépendances. Je compte sur vous pour m'aider à bien cadrer le projet, on attaque dans la foulée. »

Et deux ans et demi après :

« La maison est prête, j'ai monté les ateliers, c'est drôle, vous téléphonez juste au moment où je lance l'exploitation ! »

Autre cas, jeune cadre marketing dans un milieu informatique de pointe, pas malheureux dans cette voie, mais dont le rêve serait de :

« Monter un club de jazz à Paris avec une petite formation, donner des spectacles, évidemment cela ne s'improvise pas, même si je gravite dans ce milieu depuis des années. En attendant, la solution sage serait sans doute de poursuivre une carrière dans mon secteur de compétences, probablement d'y faire mes preuves dans une activité commerciale, bien que cela ne soit pas ma vocation première... »

Il tombe sur une opportunité providentielle dans cette voie, est engagé. Deux ans après :

« Cela marche très fort ! Le domaine de la communication est en évolution fulgurante, c'est un secteur passionnant et je travaille dans un groupe qui a les moyens de ses ambitions. »

Dans une activité commerciale ?

« Oui, mais je suis plus précisément un 'détecteur d'opportunités', plutôt éleveur que chasseur, c'est un bon compromis : ma mission consiste à comprendre le besoin du client et proposer des solutions pour le satisfaire, pas de négocier les conditions financières du marché. »

Mais alors... le jazz, c'est fini ?

« Au contraire ! mon projet se précise de jour en jour. Je continue à consacrer six heures par semaine à la musique. Notre petite formation répète chaque mardi et commence à se faire connaître. En ce moment nous cherchons une salle. Nous allons inviter des ténors, monter des spectacles, faire de la qualité ; nous voulons qu'il existe à Paris un lieu où l'amateur saura qu'il peut écouter du bon jazz. Je vous mets sur la liste des invités. »

Il arrive qu'une approche prudente... le soit trop ! Il suffit de rester attentif aux opportunités, flexible pour les saisir, ne jamais perdre de vue ce à quoi l'on tient essentiellement et avoir une argumentation solide pour servir cet objectif :

« J'ai donc défini un projet idéal en ayant bien identifié mes compétences et mes envies. J'ai retenu deux 'projets de secours', moins satisfaisants mais probablement plus réalistes et faciles à mettre en œuvre rapidement dans ma situation d'expatriée. Je jouais la sécurité. Eh bien finalement c'est le profil de poste idéal qui a abouti le premier : monter une petite structure marketing dans une entreprise de services, depuis l'étude du tissu régional jusqu'à la promotion d'une ligne de produits et à l'assistance d'une force commerciale. Je ne pouvais pas trouver mieux. Et l'intégration se passe très bien. »

Chacun mène son bilan à la mesure de ses moyens

Parmi les personnes qui entreprennent un bilan de compétences, celles qui se trouvent dans une dynamique de conquête sont minoritaires. La plupart vivent des moments difficiles ou les craignent pour bientôt, doutent d'elles-mêmes, en tout cas ne disposent pas de tous leurs moyens.

Un des effets du bilan – secondaire mais combien important –, est de leur redonner confiance et de réactiver leur « système immunitaire » face aux difficultés.

Peut-on dire qu'il s'agit d'encourager ? Certainement, mais sans dépasser le seuil d'énergie disponible. Faire comme si l'interlocuteur était en pleine forme et le pousser à se fixer des objectifs très supérieurs à ce dont il se pense capable à l'instant présent peut aussi bien le décourager et le faire glisser dans la dépression.

« Ne vous laissez pas faire !... foncez !... défendez-vous !... vous êtes dans votre droit, contre-attaquez ! », ne peuvent rendre service que si la personne concernée dispose, maintenant, de l'énergie nécessaire pour mettre ces conseils en pratique.

L'écoute attentive évoquée plus haut, l'absence de jugement, la patience, la compréhension bienveillante, sont autant de qualités attendues chez celui qui accompagne le bilan pour se sentir soi-même encouragé et remonter son niveau d'énergie jusqu'à pouvoir se lancer dans l'action.

Recréer une dynamique de conquête

Il vaut mieux faire envie que pitié. On y parvient en dépassant le caractère négatif de la situation, qu'il s'agisse de celle de chômeur de longue durée, d'un sentiment lourd d'injustice, d'une douloureuse mise en cause personnelle...

Nous ne disons pas que c'est chose facile, mais seulement que si l'on y parvient, c'est gagné : le fait de voir les côtés positifs d'une situation, de se brancher sur une action, possède une vertu de régénération du potentiel qui a pour conséquence de donner de soi-même une image positive, donc attractive. C'est ce que nous appelons la recréation d'une dynamique de conquête. Le bilan de compétences peut constituer une méthode et un soutien pour y parvenir.

« Grâce au bilan de compétences, j'ai accéléré le processus, je suis passée à un stade plus actif. »

« Le bilan ? le plus salutaire des coups de pied aux fesses ! »

Voici un exemple illustrant cette observation de manière particulièrement significative.

Adjoint du directeur logistique dans un grand groupe international, « débarqué » au cours d'une réduction d'effectifs, un chômage qui s'instaure, s'installe, dure... Bilan de compétences. Un projet dans la logique des compétences, croisées avec une motivation de conseil et de service, satisfaite dans une PME en début de carrière, puis perdue en montant dans la hiérarchie. On demande des consultants spécialistes de son domaine, des pistes s'ouvrent, des pistes chaudes, mais c'est toujours l'échec en finale. On aborde la troisième année de chômage, il faut revoir le projet, sinon ce sera bientôt le RMI.

« Je vais monter avec un ami une petite structure de gestion : 'devis-commandes-facturation-gestion' au service de petites entreprises artisanales dans les différents corps d'état du bâtiment. »

L'ami ne se libère pas aussi vite que prévu, mais le projet prend forme. On poursuit par acquis de conscience les réponses aux annonces « traditionnelles ».

Et voici une proposition : CDD chez un grand prestataire de services. La réalité est loin du rêve, mais l'ami n'est toujours pas disponible. Parcours du combattant, il faut montrer et remontrer ses capacités techniques, commerciales, diplomatiques... dans des contextes sensibles, face à des clients difficiles et avec des équipes souvent démotivées. Enchaînement de missions, sous forme de CDD répétés pendant vingt et un mois, un travail quantitativement et qualitativement épuisant, une rémunération sans rapport avec la prestation fournie, un climat peu gratifiant... on s'accroche... jusqu'au jour où :

« On vient de me convertir en CDI. Je me demandais s'il fallait encore y croire ! Mais ce n'est pas le principal : suite à une enquête interne et externe, la direction a pris conscience de mon image dans les équipes et en clientèle. J'accorde une importance primordiale aux relations humaines, à commencer par la considération pour tous, la reconnaissance des

contributions personnelles de chacun et la franchise. Les équipes sont remotivées, les clients satisfaits, la direction n'en revient pas. »

À quarante-trois ans, décider de poursuivre dans cette voie n'est plus « se résigner au réalisme d'un job alimentaire », mais trouver une ouverture vers de réelles satisfactions professionnelles et personnelles.

La principale leçon à tirer de cette expérience : il avait perdu ses moyens, il les a retrouvés. Il n'était pas plus compétent à la sortie qu'à l'entrée. Seulement plus fort. Reparti dans une dynamique de conquête, il est apparu avec un visage différent.

Structure et ouverture

Dans les échanges préalables ou consécutifs au bilan, il est souvent question du caractère structuré de la méthode ou au contraire de sa flexibilité pour explorer l'inattendu, voire l'irrationnel. Après avoir recueilli de nombreux avis sur ce point, il nous apparaît que ces deux notions sont apparemment incompatibles mais pourtant toutes deux indispensables.

Le caractère structuré de la méthode, notamment au moment de l'analyse du parcours professionnel, est un facteur de sécurité, la certitude que l'on aura fait le tour de la question, réalisé un travail exhaustif. L'aspect assez fastidieux de cette analyse, quand de nombreuses fonctions ont déjà été occupées, n'est jamais apparu comme rebutant, au point parfois de nous étonner.

« *Au fond, la méthode structurée du bilan était une bonne chose.* »

« *Le bilan ne m'a pas permis de trouver un projet original, j'ai seulement mis en forme ce que j'avais dans les cartons avant le bilan. Mais j'ai bien vécu ce travail structuré, ordonné, avec une analyse approfondie.* »

« *Découvrir les documents un à un m'a d'abord décontenancée, presque infantilisée : je ne savais pas où j'allais. Mais cela m'a permis d'approfondir chaque thème et d'éviter de me disperser. J'ai trouvé le canevas très porteur.* »

Quant à la possibilité d'explorer l'inconnu et de mettre en relief des aspects « hors champ » de la personnalité et des potentialités, de faire une place à l'imagination et à la fantaisie, les opinions sont largement positives sur ce plan, au point d'en faire parfois un axe majeur du bilan, une raison d'être.

« *Il faudrait laisser plus de liberté et d'ouvertures par rapport aux projections de soi.* »

La structure de la méthode est une vertu, sa capacité à faire aussi appel à la créativité l'est également. Il est frappant de constater que si chacun au départ, selon sa personnalité et ses attentes vis-à-vis du bilan, est sensible plutôt à l'aspect rassurant d'une méthode visiblement bien structurée, ou plutôt à l'assurance d'y trouver une ouverture et un espace de liberté, tous reconnaissent à la fin avoir trouvé les deux aspects et apprécié cette dualité.

Chapitre 6
Que peut-on attendre du bilan lui-même ?

Quand on se décide à entreprendre un bilan, l'on s'attend bien évidemment à un enrichissement. Nous avons déjà évoqué l'utilité d'un bilan de compétences lorsque nous l'avons comparé au bilan financier et au bilan de santé. Approfondissons plus avant, dans ce chapitre, le profit généré par cette démarche, tant sur le plan professionnel que personnel.

Les bénéfices sur le plan professionnel

Nous voulons dire par là : que peut apporter le bilan, avant même l'aide à la réalisation du projet ou ses autres retombées à terme ?

Une clarification

Le bilan a pour premiers effets de clarifier la situation et les objectifs :
- rester ou non chez l'employeur actuel ;
- bénéficier ou non d'un congé de formation avant de partir, de courte ou longue durée ;
- juger de la validité de ses arguments pour justifier une demande de promotion ou un reclassement ;

- que l'on soit ou non en activité, l'on sait, en fin de bilan, si l'on veut changer ou non d'orientation ;
- si oui, quelle formation est nécessaire, quel diplôme, les voies pour l'obtenir ;
- les contraintes sont identifiées.

Pour autant, les moyens nécessaires à la décision de sauter le pas d'une reconversion ne sont pas forcément réunis. Il faudra peut-être un peu de temps pour mûrir la décision.

« La conclusion du bilan était claire : je devais continuer mon activité. Malgré les turbulences rencontrées à l'époque, c'était la décision réaliste. Depuis plus de trois ans, cette analyse s'est pleinement confirmée. »

« Le bilan m'a permis de clarifier mes idées et de bien identifier les conditions de réussite : en l'occurrence les langues. »

« Le bilan agit sans brutalité comme un révélateur de compétences. Plus qu'un bilan, c'est une mise en évidence des compétences. »

« Après dix-huit ans dans la même entreprise, pour ne pas dire dans le même poste, il était grand temps pour moi de me remettre en question, de savoir ce que je valais. J'avais perdu tout point de repère par rapport au marché de l'emploi. »

« On apprend à connaître et améliorer son 'employabilité'. »

« J'ai compris que je n'étais pas dans le milieu qui me convenait, non pas du fait de la culture américaine, mais au niveau des relations entre les personnes. »

« Je souhaite travailler à nouveau et m'y prendre autrement. Je passerai du temps à organiser mon travail pour gagner du temps. Le besoin s'est développé en moi de commander à mon travail. Ces dernières années, j'avais l'impression que c'est mon travail qui me commandait. »

Cette clarification a des conséquences directes sur la recherche d'emploi qui fait suite au bilan dans la plupart des cas.

« Le bilan a eu un lien direct avec mon embauche, qu'il a aidée et facilitée, même si cet emploi ne correspondait pas à 100 % à mon projet. »

« Le bilan de compétences a approfondi plus qu'élargi mon champ de recherche. Il m'a aidé à identifier le travail que j'ai finalement trouvé, me permettant de mieux cibler le type de structure, de fonction, de mode de relations dans l'entreprise. Avec trois ans de recul, je dis O.K. C'est bien la première fois que je reste aussi longtemps dans un boulot ! Cette

démarche s'est avérée complètement utile au cours de ma vie professionnelle. »

« C'est incroyable d'être chanceux à ce point ! Toutes mes aspirations ont été réalisées. Je m'attendais à devoir chercher un moment : je suis engagé sur la deuxième réponse, avant même la fin du bilan. Après dix ans d'hexagonal, je voulais accéder à l'international : on m'a confié l'Europe, puis la responsabilité mondiale d'une ligne de produits ! »

« Le bilan m'a éclairé, par exemple sur mon incapacité à travailler dans une grande structure. À quarante-huit ans, je ne veux pas prendre le risque de quitter mon emploi à l'aveuglette, même si mon travail me pèse. Mais je sais ce que je dois rechercher ou éviter. »

Cette clarification peut améliorer la vision à court et à plus long termes.

« Le bilan m'a bien aidée à cibler ma recherche d'emploi et à valoriser mes atouts, tant en entretiens que par écrit : sur quinze lettres, six réponses positives ! En quatre ans et demi, je me suis bien intégrée, puis j'ai été promue, tout va bien »

« Déjà presque quatre ans...Je suis dans mon second poste. Dans deux ou trois ans, il sera temps de me poser la question de continuer dans ce grand groupe aux stratégies lourdes, avec décisions lointaines et exécutions brutales, ou d'opter pour une petite structure où l'on peut influencer les décisions. Il y a moins d'un an, j'ai relu mon bilan, il ne faut pas perdre ses repères ! »

Un éventuel renversement de situation

Il arrive que le salarié en bilan de compétences soit mis à l'écart dans son entreprise, considéré comme en instance de démission. Si l'entreprise ne souhaite pas le départ de son employé, ce comportement est absurde, car de nature à pousser le salarié à faire ce choix.

Tout se passe parfois comme si, au fond, l'employeur, plus ou moins conscient de griefs possibles à son égard, les supposait mis en relief au cours du bilan, source de quiproquos et de tensions.

Si au contraire le collaborateur réagit de manière positive en assumant et dépassant cette situation, il arrive que celle-ci évolue en sens inverse de manière spectaculaire. On voit des collègues, bien sûr, mais aussi des hiérarchies tout à coup remplies de considération pour ce collaborateur qui a osé, que l'on découvre plus épanoui, à la fois sûr de lui et sans agressivité. Cette agressivité a subi dans le secret une alchimie originale qui l'a transformée en énergie pour construire un avenir de meilleure réalisation professionnelle et personnelle, en oubliant toutes les rancœurs.

Dans certains cas, le climat passe des reproches aux félicitations, de l'enlisement aux propositions de promotions. Le plus extraordinaire pour l'employé est de ressentir que ces revirements semblent sincères.

Trente-cinq ans, célibataire, il occupe un poste de simple employé administratif malgré une qualification d'agent de maîtrise, dans le service de gestion des sinistres d'une compagnie d'assurances. Son absence de revendication pérennise cette situation, dans un climat de reproche qu'il ne comprend pas.

Le bilan de compétences révèle des aspirations fortes et un projet avec prise d'angle importante :

« Mon projet serait, après une formation spécifique de longue durée niveau Bac + 2, de concevoir et monter des plans de formation dans le domaine culturel et en coopération avec les pays d'Europe de l'Est »

Dans son esprit, demander une telle formation supposait de sa part une démission aussitôt après, qu'il ressentait d'ailleurs comme souhaitée par sa hiérarchie.

Mais, en cours de bilan, voilà que le ciel se dégage : on s'intéresse à son bilan, les tensions se relâchent, il n'est plus question de départ, on envisage même de nouvelles fonctions avec accroissement de responsabilités.

Dix-huit mois plus tard :

« Je joue la sécurité et me perfectionne en langues et en informatique pour mieux rebondir, le cas échéant. Par exemple vers le commerce international ou l'accueil et la formation des immigrés. »

Bilan du bilan : cette aventure ne semble-t-elle pas être un échec, un gaspillage de temps, d'efforts et d'argent ?

« Certainement pas ! La démarche du bilan m'a permis de réaliser quelque chose de différent, voir les choses sous un autre angle, obtenir un diplôme. J'ai pris conscience de ma capacité à vivre loin de chez moi au cours du stage sur le terrain, m'installer à l'étranger. Je suis sorti de

ma coquille, me suis trouvé plus dynamique et incisif au cours du stage, me surprenant moi-même. Je me suis imposé dans un contexte nouveau où je n'étais pas en position forte. Depuis, le retour s'est beaucoup mieux passé que je ne l'attendais. Je suis plus apprécié et reconnu qu'avant. J'ai plus de recul, je supporte mieux les moments désagréables. »

Autre cas, celui d'un jeune homme diplômé d'études supérieures, non cadre pourtant après une dizaine d'années d'expérience, présentant deux caractéristiques originales : il prend en charge avec succès des tâches réputées impossibles et dont personne ne veut, et remplace avec le sourire trois ou quatre collègues de fonctions diverses lors de leurs congés tandis que personne ne le remplace pendant les siens, ses dossiers l'attendent sagement. Ses souhaits de promotion n'ont jamais été pris en considération.

La DRH le reçoit en entretien en fin de bilan… pour lui proposer une fonction de cadre créée pour lui dans son domaine de prédilection, après une formation pour mettre à jour ses compétences théoriques. Son salaire a été notablement revu, sa capacité de démêler des situations impossibles enfin reconnue et valorisée. Satisfait, il n'en reste pas moins vigilant et lucide.

Dans ce cas de figure, où l'entreprise récupère la situation à son profit ou prend soudain conscience de la valeur de son collaborateur et lui en rend justice, celui-ci a intérêt à garder en effet la tête froide face à la décision à prendre. Notre sentiment général est qu'un pont d'or pour vous inviter à rester quand vous venez de démissionner est suspect et doit toujours se refuser. Mais une formation de bon niveau et une belle promotion alors que vous pensiez seulement devoir vous diriger bientôt vers la sortie, c'est différent… Ce principe général de refus de reprendre une démission doit être pondéré de quelques exceptions flagrantes, chez des personnalités solides, capables d'assumer et gérer avec force et finesse ce type de situation.

Refaire les niveaux

Dans la plupart des cas, le bilan joue bien son rôle, par définition : une mise au point sur les vrais niveaux. Il est utile tant pour la reconnaissance du niveau de la formation initiale que celle des compétences acquises sur le terrain.

Reconnaissance du niveau de la formation initiale : dans les deux cas que l'on vient de citer, le bilan a été une occasion pour l'entreprise de constater que ces collaborateurs étaient largement sous-employés par rapport à leurs niveaux de qualification, notamment leurs formations initiales.

Le plus étonnant a été de constater, dans les deux cas, que cette découverte s'est opérée spontanément en cours de bilan, sans aucune communication sur le contenu, par le collaborateur. La seule information connue dans l'entreprise était que « ce matin M. X. est en bilan de compétences ».

Reconnaissance des compétences acquises sur le terrain : à l'inverse, et plus fréquemment, des autodidactes ayant gravi des échelons sur le tas, parfois dans des structures familiales et des fonctions polyvalentes, jusqu'à être gérants en titre de sociétés, ont acquis des compétences pratiques difficiles à valoriser objectivement auprès d'autres employeurs. Le bilan peut alors jouer un rôle important de valorisation des acquis. Nous disons « peut jouer », avec une certaine prudence, dans la mesure où ce bilan reflète l'opinion d'un ou deux consultants dont on peut mettre en doute l'aptitude à évaluer précisément le niveau des compétences dans toutes les disciplines. De même, si les opinions exprimées par les consultants ne sont pas étayées et argumentées, on peut être également fondé à supposer de leur part le désir de faire plaisir en valorisant au maximum, donc avec un défaut d'objectivité.

Il existe par ailleurs des filières officielles de valorisation des acquis, par la voie universitaire, malheureusement compliquées et insuffisamment connues et développées. C'est une question d'importance, un thème de réflexion à creuser, afin de prendre le relais des bilans de compétences quand on est dans cette situation. Pourrait-on espérer que les travaux en cours sur les équivalences entre diplômes européens ouvriront indirectement une voie de progrès dans la validation des compétences hors diplômes ?

« Ce bilan m'a permis de me resituer, me revaloriser à mon juste niveau et de reprendre confiance. Sur le plan professionnel, cela m'a per-

mis d'être plus affirmée dans mes desiderata, sur le plan personnel de me regonfler ; j'ai tendance à me sous-estimer. »

« Retrouver des tâches que j'avais réalisées et complètement oubliées m'a permis de prendre conscience de ce dont j'étais capable. Finalement je me suis dit que je n'étais pas désarmée pour affronter un employeur, malgré mon âge. J'ai compris qu'il y avait une solution à chaque problème et que j'étais capable de la trouver. »

« Après douze ans en milieu hospitalier, mon langage était imprégné de termes spécifiques à ce domaine. Les consultants ont traduit ces termes en langage courant. Surtout, ils m'ont montré comment mes compétences pouvaient être transférées dans tous les domaines. »

« Le bilan m'a énormément redonné confiance en moi, alors que j'étais en difficulté. Il m'a galvanisée ! Une période d'euphorie intellectuelle. Après la formation, le retour sur terre a été dur. Mais j'ai appris qu'on pouvait apprendre toute sa vie. »

« Ce bilan était destiné à me préparer à un licenciement à venir. Il m'a surtout incitée à commencer les démarches de recherche d'emploi bien avant le licenciement. J'ai ainsi obtenu plusieurs offres un mois et demi avant la date limite, et pu faire un choix. Il a donc été préventif, me sensibilisant à l'importance de réagir au plus vite, me confirmant que j'étais faite pour le métier que je pratiquais et me donnant confiance en moi. Les entretiens d'embauche ont été bien préparés et se sont déroulés de manière plus détendue. »

Pour en revenir au bilan, il est important que, pour jouer le rôle qu'on en attend :

- il identifie de manière claire et sélective les compétences en question ;
- il les valorise de manière objective et argumentée ;
- il détermine enfin avec pertinence les formations à suivre pour structurer et charpenter ces compétences pratiques, par le minimum de théorie nécessaire.

Cela n'est pas impossible.

« Mon nouvel employeur n'a pas souhaité voir la synthèse de mon bilan. Mais elle avait été bien accueillie par les cabinets de recrutement. »

Les bénéfices sur le plan personnel

Développer la confiance en soi

Après leurs bilans, presque tous le disent : ils ont acquis ou renforcé la confiance en eux au cours de ce travail. Ils ont d'abord découvert que tous leurs choix antérieurs s'expliquent. La question : *« comment donc ai-je pu m'embarquer dans cette voie ? ! »* trouve des réponses, au point de comprendre qu'aucune situation actuelle, si loin soit-elle de l'idéal, n'est totalement absurde, c'est-à-dire issue de choix incohérents ou aberrants : elle résulte d'un enchaînement de décisions prises chacune au mieux avec les moyens du moment : lucidité, énergie disponible, contraintes...

Avant même de prendre conscience qu'aucune situation n'est définitive, que cette situation actuelle plus ou moins satisfaisante peut être largement optimisée, que le bilan est là pour y aider, chacun se trouve ainsi confirmé dans la validité de ses choix antérieurs relativement aux conditions de l'époque. Justifier les choix antérieurs serait-il opportun, surtout quand ils se sont avérés par la suite malheureux ? Cela a au moins pour mérite de recréer des bases préalables nécessaires pour reprendre confiance en soi.

« J'ai compris que, dans ce licenciement, je n'avais rien à me reprocher. Je me suis fait tout seul et je constate que je n'ai pas fait d'erreur. »

« Le bilan m'a apporté une reconnaissance de la validité de ma démarche professionnelle, en dépit des différentes contraintes qui m'ont empêchée de la mener à bien. »

« À vingt-six ans, je venais de vivre une situation très déstabilisante, licenciée pour suppression de poste après quatre mois ! Ayant bien pris conscience de mes capacités réelles au cours du bilan, je me suis retrouvée plus sûre de moi et j'ai abordé la suite avec confiance. »

« J'abordais ce bilan remplie de doutes quant à ma compétence, sur mes capacités à bien m'entendre avec ma hiérarchie, sur le bien-fondé de s'engager dans son travail jusqu'au degré de saturation que j'avais atteint, presque sur la légitimité de faire un travail qui me plaise vraiment. Sur tous ces points, le bilan m'a rassurée et donné confiance.

Même au-delà de ce que je pensais : arrivant en étrangère dans ce pays dont je ne maîtrisais pas parfaitement la langue, je pensais avoir beaucoup de mal à trouver. J'ai relu mon bilan et décidé de prendre mon temps ! J'ai refusé plusieurs propositions qui ne cadraient pas avec mon projet. Le bilan m'a donné la force de dire non alors que dans le passé j'avais toujours accepté le premier poste. Et j'ai trouvé là un emploi qui correspond en tout point à mon projet : c'est vraiment ce que je voulais. Et assez vite, finalement. J'ai eu de la chance ! »

Elle a eu de la chance, sans doute, mais on peut dire aussi qu'elle a su mettre tous les atouts de son côté : exploitation intelligente de son bilan, analyse posée du marché, vision claire de son projet, la démarche était solide de bout en bout.

La reprise de confiance en soi a été sans aucun doute un facteur déterminant de réussite. Et aussi la poursuite sur le terrain du travail de réflexion engagé pendant le bilan.

Explorer toutes ses potentialités

Combien d'autodidactes découvrent en bilan de compétences qu'ils auraient eu toutes les capacités nécessaires pour réussir des études supérieures !

Combien prennent conscience de ce que les qualificatifs de « nullité » qu'ils subissent ne traduisent pas une supériorité de leurs auteurs mais plutôt une altération de leur jugement !

Combien se découvrent ou redécouvrent des potentialités soigneusement enfouies dans les profondeurs, inconsciemment, afin de ne pas gêner le personnage raisonnable par des manifestations intempestives !

Même si toutes les potentialités que révèle le bilan ne peuvent être exploitées demain dans le cadre professionnel, le sentiment de valorisation que procurent ces découvertes est un puissant régénérateur de confiance en soi.

Laisser émerger le désir

C'est un autre apport du bilan, sur le plan personnel : l'émergence du désir, et sa force. Après cinq, douze ou vingt ans dans une voie, mise en cause aujourd'hui, on se découvre des aspirations fortes, préexistantes certainement, mais jusque-là enfouies, auxquelles on décide soudain de faire une place, parfois prépondérante. Pour se faire plaisir ? Peut-être, mais c'est probablement beaucoup plus profond.

« Le bilan a déclenché mon envie de retravailler, puis confirmé cette envie. »

« Dans mon entourage familial, travailler est un devoir et on n'a pas à se plaindre, surtout une femme. Même si on fait pendant vingt ans un travail où l'on est malheureuse. Le bilan m'a confirmé qu'on peut travailler avec plaisir, que c'est non seulement acceptable, mais préférable. Et j'ai défini un projet professionnel que je pourrais réaliser avec efficacité et plaisir à la fois. »

Réviser sa hiérarchie de valeurs

Ces différentes prises de conscience et réflexions de fond s'accompagnent inévitablement d'une remise en cause de la hiérarchie de valeurs admise jusque-là, voire de l'introduction de nouvelles valeurs dans la liste :

« Impossible de continuer à adhérer à l'éthique (ou absence d'éthique !) de ce milieu professionnel ! »

« Je ne veux plus gérer ma carrière en la fondant sur le triptyque 'honneurs/pouvoir/argent'! »

« J'aimerais maintenant apporter à d'autres, par exemple dans un cadre associatif »…

« C'est bien ce que je cherchais : un grand changement, pas une petite amélioration. Le bilan de compétences reste un moment très fort de ma vie, il m'a permis de retrouver une cohérence. Je le dois plus aux consultants qu'à la méthode elle-même. »

Il ne peut alors plus être question que la carrière se poursuive « dans l'axe », la hiérarchie des valeurs s'est trop modifiée en cours de bilan. De telles prises de conscience ont parfois de quoi surprendre par la soudaineté des réactions qu'elles provoquent. En plein milieu du bilan, avant même la réflexion sur le projet :

« Ca y est, je viens de démissionner ! je ne pouvais plus jouer ce jeu… »

Le climat environnant n'avait pas vraiment changé, mais la vision qu'en avait ce technicien de haut niveau en optique de précision s'était confirmée... et imposée ! Il est parti au bout d'une province, abandonnant sur place sa compétence technique et sa spécialisation. Quatre ans plus tard :

« Je pouvais me le permettre financièrement, je n'ai pas repris d'activité professionnelle, seulement du bénévolat. Pourtant je n'ai jamais été aussi actif. À quarante-deux ans, j'ai tout lâché sans regrets, les relations superficielles, le stress, les performances à tout prix. On a voulu me retenir... maintenant ce sont d'anciens collègues qui me rejoignent ! C'est une autre vie, les relations simples, les amitiés vraies, le charme. Ce que le bilan m'a apporté ? la confirmation de mon envie d'arrêter. Et je peux vous le dire sans hésiter : c'était le bon choix ! »

Dans de telles situations, il est difficile de faire la part entre les plans personnel et professionnel dans les apports du bilan. En première approche, ne devrait-on pas dire que les aspects personnels viennent perturber le jeu professionnel ? Pas seulement. Il faut aussi prendre en compte quelques modifications fondamentales progressivement apparues dans la relation homme/travail. Celles ci peuvent rendre certains décalages soudain insupportables par ceux qui en prennent conscience à l'occasion d'une réflexion comme celle du bilan...

En toile de fond du bilan, la relation homme/travail

Égalité professionnelle homme-femme

Par une alternance de directives – du travail de nuit des femmes aux listes électorales 50/50 – et de faits de société plus naturels et spontanés, cette égalité progresse peu à peu. En retour, les vies de couples se modifient (beaucoup moins vite, mais quand même !), dans le sens de prises de responsabilités de l'homme en tant que compagnon et père, à l'intérieur de la cellule familiale. Responsabilités et activités. La carrière n'est plus vue sous le même angle que par la génération précédente, à partir du moment où la valeur « équilibre familial » se trouve remontée dans la hiérarchie.

L'exemple de ce jeune père de trente ans est typique : il commence son bilan dans la perspective d'abandonner un métier qui lui plaît, même s'il l'exerce actuellement dans de mauvaises conditions.

« Les horaires de travail liés à mon activité sont incompatibles avec ma contribution à la garde et à l'éducation de notre fille de deux ans. »

Autre cas :

« Nous travaillons tous les deux, mon compagnon change de job, après être resté trop longtemps dans le précédent, maintenant c'est à mon tour de suivre. »

Sous entendu : la prochaine fois, c'est lui qui s'adaptera.

Le temps de travail remodelé

Nous sommes dans l'époque de la réduction du temps de travail, 35 heures, 32 dans de grandes entreprises parapubliques, parfois moins. Il faut partager le travail pour que chacun en ait un petit morceau. On ne nous dit pas que la prochaine étape consistera à remonter l'âge normal de la retraite à 65 ans, comme on a précédemment remonté l'ouverture des droits de 150 à 160 trimestres. Probablement inévitable, pour maintenir un équilibre de la compétitivité, mais surtout pour que la charge des pensions de retraites ne dure pas plus d'une vingtaine d'années en moyenne, pour maintenir le ratio actifs/retraités.

Résultat : une modulation différente du temps de travail, plus échelonné dans la durée, avec un tempo moins tendu. Ces dispositions jouent immédiatement sur l'organisation du travail.

« Le problème pour nous est déjà de réaliser le même volume de travail dans un temps réduit de 10 %. Mais le plus difficile va être d'assurer la continuité du service, chacune dans l'équipe ne travaillant plus que quatre jours par semaine. »

Ces mesures affectent également l'organisation du temps libre. Pour ce technicien, trois jours libres chaque semaine, cela commence à compter.

« Au travail, j'ai fait le nécessaire pour que mon absence le vendredi ne pose pas de problèmes majeurs. À la maison, je bricole à droite à gauche. Je n'ai pas encore trouvé mes repères. »

Nul doute que l'individu s'y adaptera et que la société inventera et lui ouvrira des pistes, si la famille ne le comble pas. Cela s'est déjà fait pour le troisième âge.

En attendant, le bilan de compétences est un lieu et un moment privilégiés pour faire avancer cette réflexion.

Une pause dans la progression

L'objectif : progresser. La carrière : une trajectoire de progression continue.

Telles sont nos images à tous, nos standards, ce à quoi hiérarchies, DRH et consultants en ressources humaines tentent de nous aider. Nous sommes encouragés, voire poussés à réussir. Si cette règle peut se justifier globalement, certains accidents de parcours donnent à réfléchir.

Cadre de banque, quarante-trois ans, entré coursier à quinze ans, aujourd'hui chef d'agence par la formation et la promotion interne, bientôt chef d'un groupe d'agences, peut-être avant cinquante ans délégué régional. Le prototype de la belle carrière. Au prix d'une grande mobilité géographique, à la fois nécessaire et pleinement acceptée. Son fils de quinze ans vient de se suicider. Laissant ses amis en traversant la France lors du dernier déménagement, il avait perdu un soutien primordial, déterminant, dans sa fragilité d'adolescent.

Bien entendu, aucune carrière n'est assez belle pour être payée ce prix-là. Mais personne dans son entourage ne voyait ce père comme un carriériste à tout prix, sacrifiant sa famille à son ambition personnelle. Il ne faisait que suivre une route naturelle côté travail et d'une certaine façon côté famille, dans la mesure où rien ne pouvait laisser imaginer un tel drame. Peut-être son fils lui-même n'avait-t-il pas prévu sa propre difficulté à vivre cette rupture de milieu et, habitué aux déménagements tous les trois ans, aurait-il même approuvé celui-ci si on lui en avait parlé avant qu'il soit décidé...

Cet exemple montre la nécessité d'être prêt à des moments de pause dans la progression de carrière, par exemple sous la forme de responsabilités fonctionnelles ou du maintien dans la situation actuelle. Ces mêmes partenaires de progression professionnelle que sont les hiérarchies, DRH et consultants en RH, doivent être sensibles à des facteurs d'environnement, notamment familial, qui n'apparaissent pas forcément au premier regard.

On voit des produits d'épargne s'appeler « ambition », « équilibre », « disponibilité », pourquoi ne pas considérer – en se gardant des schémas rigides –, la période de 25 à 40 ans comme celle de l'ambition, avec progression rapide ; au-delà de 50 ans celle de la disponibilité, soit pour transmettre à d'autres soit pour se lancer dans une nouvelle aventure professionnelle avec la maturité et libéré des charges de famille, la période intermédiaire de 40 à 50 ans méritant une attention particulière dans la recherche de l'équilibre travail/famille ?

Quarante à cinquante ans, c'est d'ailleurs une période où l'on rencontre beaucoup de personnes en bilans de compétences, avec des motivations fortes dans cette recherche d'équilibre.

Un job-relais pour mieux rebondir

Ce besoin de pause peut également être ressenti dans une situation tout à fait différente. Dans le cas ci-dessus, il s'agissait de prévenir un accident, y compris un accident de santé d'un collaborateur soumis à une pression excessive. Mais après un traumatisme personnel ou une épreuve professionnelle dure, un harcèlement insupportable ou un licenciement vécu comme une injustice, il y a des blessures à panser et une énergie à reconstituer. Cela demandera du temps, un temps de repos pour se refaire du tonus et être en état de rebondir.

« Pour le moment, je voudrais seulement faire mon travail, sans avoir à me préoccuper de politique, manœuvres diplomatiques, doubles sens et sous-entendus. Juste mon boulot, rien de plus. »

Il peut être tout simplement nécessaire de prendre un peu de temps pour se préparer.

« J'avais à faire le deuil de mes nombreuses activités 'à risques' à l'étranger. Après le bilan, je suis devenu enseignant, mais je continue à travailler sur mes autres projets pour monter une entreprise d'édition et de création dans deux ou trois ans. Le bilan de compétences m'a fait ressortir une contradiction : l'envie d'entreprendre, mais pas les moyens financiers et psychologiques nécessaires. Il m'a apporté une vision plus réaliste. »

Le job-relais n'est pas obligatoirement une punition, il peut aussi apporter des satisfactions, par rapport aux activités antérieures ou par une élévation du niveau professionnel.

« De ces métiers à forte connotation commerciale dans des domaines techniques, il faut savoir sortir à temps. Après quatre ans, j'ai presque fait le tour de mon poste. Mais je ne suis pas encore prêt à réaliser mon 'vrai projet' du bilan de compétences : diriger une PME. Je n'ai jamais appris à gérer ce genre de risque. Mais j'y travaille, je gamberge, le projet mûrit doucement. Mon poste actuel était une étape nécessaire après la trop longue période de confort vécue précédemment ! »

« Après un congé parental de deux ans, j'ai réussi un concours administratif, mais j'ai décidé de continuer quand même à chercher dans la voie de la culture. J'ai bien fait : je travaille aujourd'hui dans ce domaine, je m'y plais beaucoup. Je n'abandonne pas pour autant mont projet de prédilection, momentanément différé à cause de la durée des études. En attendant, je continue à passer des concours en interne pour grimper dans la voie culturelle. »

Ce peut être un « projet par défaut » temporaire. Des salariés dans cette situation choisissent parfois la voie du travail intérimaire après avoir toujours travaillé en entreprise.

« Après huit ans chez X…, j'ai choisi de travailler en intérim. Le changement me va bien, c'est très enrichissant. »

« Dans les entretiens de recrutement, je sortais toujours la phrase qui tue au moment crucial et j'arrivais régulièrement deuxième, comme Poulidor. Alors je suis allée vers l'intérim et j'ai trouvé tout de suite. Je travaille aujourd'hui dans une société américaine débile, mais je reviendrai à mon projet de travailler dans l'humanitaire ! »

Le projet par défaut

Nous appelons projet par défaut une orientation ou une activité choisie par nécessité, un compromis entre différentes contraintes, auquel on est obligé de se résoudre.

Un emploi essentiellement alimentaire

La première contrainte pour un demandeur d'emploi chargé de famille et sans réserves financières, est de retrouver un emploi rapidement pour assurer le lendemain. Au moins pour un certain temps.

« Je sais bien ce que je voudrais faire professionnellement. Mais je ne peux me permettre d'attendre le prince charmant. Trouver un emploi maintenant est indispensable, vital et à très court terme. En acceptant ce qu'on me propose là, qui ne me branche pas spécialement, je ne trahis pas mon projet, je me mets en mesure de pouvoir le réaliser plus tard, l'esprit serein. »

« J'aurais bien aimé poursuivre mon projet de reconversion, dans la ligne de la formation choisie. Mais les conditions matérielles [financières] *ne me le permettent pas. Pour le moment, je suis obligée de rechercher dans le domaine de mes compétences antérieures. »*

Une telle nécessité peut aussi concerner une personne en activité, pleinement satisfaite dans son contexte professionnel actuel, sauf sur le plan pécuniaire. Il faut se résoudre à l'abandonner :

« Après le bilan, j'ai continué pendant deux ans à mener de front mes activités libérales diversifiées, pour constater finalement que je ne pouvais y arriver financièrement. J'ai dû abandonner et chercher un job. J'ai trouvé très vite par l'ANPE à cinq minutes de chez moi : de la formation informatique dans un domaine spécialisé. Dans trois ans, les études des enfants seront terminées, je pourrai revenir à mes activités de prédilection. Ce qui m'intéresse n'est pas monnayable. »

Déqualification

Quand on a dépassé la fin des droits, quand on ne s'en sort plus que par des petits boulots payés « comme ça », il n'y a plus d'autre solution que d'accepter une déqualification tout en s'appuyant sur son cœur de compétences.

Condition pour intéresser un employeur : tourner son curriculum vitæ – et son discours – pour gommer la régression professionnelle que représente le poste proposé, réduire la portée des responsabilités récemment assumées, valoriser ses capacités au niveau précédent, faire valoir la plus value en maturité, considérer la rémunération comme conforme à l'emploi proposé. Bref, donner l'impression que ce poste peut être considéré « de niveau sensiblement équivalent à celui de mes dernières fonctions, dans une orientation et un contexte où je pense pouvoir mieux satisfaire mes aspirations et apporter des connaissances et compétences utiles à l'entreprise ».

Un de nos consultants menant des actions de recrutement et recevant des ingénieurs débutants sortant de la même école que lui, au plus fort de la crise, s'étonnait de voir plusieurs jeunes, en recherche depuis déjà six ou huit mois, refuser des postes professionnellement valables sous prétexte que le statut cadre n'était pas acquis d'emblée mais différé d'un an ou deux :

« Oui, vous comprenez, il ne faut pas dévaloriser le diplôme ! »

Renseignements pris à l'école, confirmation :

« C'est bien ce que nous nous attachons à faire prendre conscience aux élèves ».

On se demande si c'est l'ingénieur qui valorisera son diplôme par la qualité de son travail ou le diplôme qui donne de la valeur au bonhomme…

Prise d'angle maximale et voie idéale

Certains exemples cités plus haut ont pu laisser supposer que nous considérons voie idéale et prise d'angle maximale comme allant de pair. C'est loin d'être toujours le cas, une forte prise d'angle peut cacher un projet par défaut.

Bientôt quarante ans, une expérience pointue de technicien supérieur dans le froid industriel, il est spécialisé dans l'installation, la mise au point et le service après-vente de machines complexes : voyages professionnels en Amérique latine, pays scandinaves, Japon... Une bonne maîtrise dans sa partie entraîne un changement d'entreprise par « chasseur de têtes ». Décision qui s'avère malheureuse : réduction d'effectifs, dernier arrivé premier partant. Le marché est momentanément moins porteur, chômage, doute. Bilan de compétences. Pas de rejet du métier, pas d'aspirations lumineuses non plus, pas de propositions ni même de pistes sérieuses. Il faut explorer d'autres voies.

« J'ai de temps en temps vendu des vêtements sur des marchés forains le week-end pour aider un ami. L'ambiance sur ces marchés m'a toujours plu. Je ne me débrouillais pas trop mal. Mon ami me relance, je crois que je vais travailler avec lui. »

Le gros risque pour lui, c'est la perte de compétences techniques dans le métier d'origine, qui empêcherait d'y revenir après un laps de temps de deux ou trois ans. Une forte prise d'angle peut alors être un voyage sans retour.

Bien sûr, dans la plupart des cas, la continuité est synonyme de sécurité, même si les autres projets ne sont pas oubliés.

« À court terme, mon travail s'est amélioré, avec une fonction plus intéressante et une mutation. Mais je n'abandonne pas mon projet de reconversion totale avec formation, pour passer de la vente en parfumerie à l'aide aux personnes âgées ! »

« En restant dans mon poste, j'ai choisi la sécurité. L'atmosphère s'est améliorée, mais l'insatisfaction persiste sur le fond, quant au peu de développement à attendre de l'entreprise. Trois ans après, je vais bientôt avoir l'opportunité de changer d'entreprise. Il s'agit d'une activité similaire, dans une perspective nettement plus dynamique. Mais je n'abandonne pas mes autres projets : je ne suis pas prêt à investir l'énergie importante que cela exigerait, mais je continue à y réfléchir. »

La solution de cas difficiles

On a vu que des difficultés peuvent surgir en cours de bilan. Il existe aussi des situations d'emblée délicates. Celles par exemple de quatre collaborateurs en voie d'impasses professionnelles dans des entreprises différentes, rencontrés suite aux propositions d'un directeur général très soucieux de ressources humaines et connaissant bien les méthodes et le style des consultants qu'il recommandait.

Dans les quatre cas, ce dirigeant a observé scrupuleusement la liberté de ses collaborateurs, leur choix du prestataire et la confidentialité du contenu de ces bilans financés par les entreprises.

Le bilan de compétences a-t-il vocation à résoudre les cas difficiles ?

Directeur commercial dans une société de services

Cinquante-cinq ans, en relations difficiles avec son équipe, éthique forte et déclin de la motivation pour une fonction de vente concourent à une baisse d'efficacité, une position personnelle devenant délicate, l'avenir professionnel compromis. Il faut réagir vite.

D'un commun accord, nous n'optons pas pour le bilan de compétences, quelques entretiens seulement pour accompagner la réflexion et ouvrir des pistes. Il en ressort un projet de formation dont le financement ne sera finalement pas accepté, l'intégration dans un petit cabinet ami pour mener des actions de recrutement, en se gardant la possibilité de rebondir par la suite. On pourrait considérer que cette « activité sabbatique » est une sorte de projet par défaut pour se relancer :

- en développant des activités nouvelles dans le domaine des ressources humaines dans sa structure actuelle ?
- en élaborant un projet différent, le jour où il se sentira prêt ?

Ses qualités et son niveau d'exigence sont tels qu'il n'y a pas de soucis à se faire à ce sujet. Le tonus revenu, il pourra conduire son bilan de compétences tout seul !

Cadre technique de haut niveau et très spécialisé

La cinquantaine, un profil rare au féminin, dans une banque d'affaires, son poste va disparaître pour être sous-traité à l'extérieur. Pas de reclassement interne envisageable, une opportunité dans un cabinet conseil à forte technicité spécialisé dans cette discipline, voie risquée en raison de la part commerciale importante dans la fonction à assumer.

Bilan professionnel, analyse des potentialités, des motivations et des risques, décision positive de l'intéressée dans la voie envisagée. Plein succès dans cette nouvelle fonction. Cinq ans plus tard, tout va pour le mieux, un modèle de reconversion.

Secrétaire du directeur gestion/comptabilité/finances

Vingt-deux ans, engagée depuis trois mois, elle voit son poste supprimé dans une réorganisation imprévisible. Responsable de cette situation, l'entreprise lui propose une action d'out placement. L'intéressée vit mal cette situation éprouvante.

Trois étapes : un bilan de compétences classique, suivi d'une formation aux différentes phases de la recherche d'emploi, enfin accompagnement dans la campagne de recherche, jusqu'à la préparation des entretiens.

Elle trouve dans un laboratoire pharmaceutique un poste de secrétaire marketing pour une ligne de produits, plus proche de ses aspirations et de son tempérament que le précédent. Quatre ans plus tard, bien intégrée, elle a été promue secrétaire pour l'ensemble du Département Marketing. Elle ne pouvait espérer mieux.

Cadre juridique dans une entreprise de services à caractère financier

Jeune cadre sans problèmes professionnels, une collègue est promue et devient responsable du service, promotion à laquelle il aurait pu prétendre, déception et lourd sentiment d'échec.

Bilan de compétences, projet professionnel supposant une reconversion, formation de longue durée en gestion des ressources humaines, intérêt confirmé dans cette voie par des stages en alternance avec la formation théorique pour pratiquer des méthodes de recrutement dans un cabinet. Retour dans l'entreprise par crainte du chômage, mais son poste vient d'être supprimé, suite à un rachat par un groupe étranger et au changement de direction générale. En recherche d'emploi dans son nouveau domaine d'intérêt.

Quatre cas différents, quatre formules différentes : entretiens d'orientation, bilan professionnel, out placement, bilan de compétences. On hésite toujours à parler de succès tant qu'il n'est pas confirmé à moyen ou long terme. Aux dires même des intéressés, ces expériences ont été très positives, ont permis de dénouer des situations délicates et d'accompagner d'une manière à la fois structurante et en écoute non directive, des réflexions difficiles à mener avec sérénité en solitaire.

La vocation première du bilan de compétences n'est peut-être pas de résoudre les cas difficiles : mais s'il y contribue, qui s'en plaindra ?

Chapitre 7
Moments difficiles du bilan de compétences

Entreprendre un bilan de compétences est un acte positif et responsable. Comme tel, il peut être émaillé de moments difficiles. Lucidité et détermination pour les gérer vont conditionner le profit attendu de la démarche : meilleure appréciation de sa situation et de ses potentialités, élaboration et prise en charge d'un vrai projet.

Décider de faire son bilan

Suis-je à la hauteur de l'épreuve ?

Il arrive que l'on entende cette question. Pourtant chacun est objectivement et forcément « à la hauteur », puisque le bilan a justement pour but de mesurer la hauteur des compétences de la personne concernée, sans aucune visée de comparaison avec celles de quiconque.

Cette crainte n'a pas lieu d'être, mais elle existe, il faut donc la prendre en considération. Nous la pensons fondée sur le fait que les personnes, dans leur grande majorité, se sous-estiment. Qui plus est, parmi celles qui donnent le sentiment de se surestimer, la plupart le font… pour compenser un complexe d'infériorité. Dès qu'elles se trouvent dans un climat de confiance et d'absence de tout jugement, elles reconnaissent manquer de confiance dans leurs capacités.

Un exemple typique : dans l'ébénisterie depuis une quinzaine d'années, ayant gravi les échelons, aujourd'hui exploité dans une entreprise sans âme. Après l'entretien préliminaire, il renonce au bilan :

"Je n'ai aucune formation, j'ai peur de ne pas être au niveau du bilan".

Pas à la hauteur de l'épreuve, crainte des tests... Explications, pressions amicales, puis menaces imminentes sur son emploi le décident à tenter l'aventure, avec l'idée d'abandonner son métier pour se reconvertir totalement.

Notre conclusion, en fin de bilan : non seulement son registre de compétences est des plus larges, avec des dispositions tant esthétiques que techniques, commerciales que dans la sélection des matières premières, management, pédagogie, sécurité, qualité..., mais en plus, toutes les capacités à réussir des études de niveau supérieur, BTS, DUT et au-delà. Nous souhaitons que la "belle menuise" ne perde pas un ambassadeur de cette qualité.

Suis-je prêt(e) ?

Il y a quelques années, nous aurions pensé qu'on est toujours prêt à faire le bilan de ses compétences, qu'une telle question n'a pas lieu de se poser. Aujourd'hui, elle nous semble tout à fait pertinente. Ce bilan n'est pas une formalité visant à faire un simple état des lieux, c'est une démarche qui va exiger un fort investissement personnel. Le moment mérite d'être choisi.

Ingénieur, la trentaine, femme dans le milieu à dominante masculine du centre de recherche d'une grande entreprise industrielle, peu à peu cantonnée dans des tâches inférieures à ses capacités, le bilan de compétences est à ses yeux un moyen de définir et argumenter une évolution professionnelle vers une activité plus épanouissante. Après plusieurs contacts, elle recule de plus de deux ans son bilan, deux ans consacrés à confirmer dans un cadre hors professionnel la profondeur et la solidité de ses motivations dans le domaine social, développement du potentiel individuel, conduite de groupes, formation. Après un fort investissement personnel dans cette voie, une activité intense, presque un second métier, elle se sent prête à exploiter à fond ce que le bilan de compétences peut lui apporter.

Cet approfondissement, cette confirmation étaient des préalables nécessaires pour elle.

Tout en restant dans son entreprise, elle s'est aujourd'hui reconvertie dans une fonction d'organisation et gestion de programmes de formation des jeunes ingénieurs, beaucoup mieux en rapport avec ses aspirations et ses qualités.

D'autres personnes – de vingt ans plus âgées, il est vrai, pour certaines – nous diront :

« Je regrette de ne pas l'avoir fait plus tôt ! »

« J'ai fait ce bilan dans un moment où je sentais poindre des menaces, mais sans être encore en danger. Je crois qu'il ne faut pas attendre le moment où l'on a épuisé toute son énergie sans réussir à faire face à une situation qui devient critique. Il faut se sentir l'envie et les moyens d'agir. »

« Il faut prendre l'initiative, ne pas attendre d'être totalement déstabilisé pour songer au bilan de compétences. »

Conserver son indépendance

Quand l'initiative du bilan est venue d'ailleurs

Il arrive que l'initiative du bilan ne soit pas vraiment personnelle : rester « en surface » d'un bilan subi pour faire plaisir à quelqu'un ne risque pas de produire d'effets extraordinaires. À moins de reprendre la démarche à son compte en cours de bilan…

« C'est ma femme qui m'y a poussé, moi je n'en sentais pas l'urgence. Mais ce bilan a changé ma manière de penser mon avenir. Il a produit un effet de détonateur, sur des idées que je n'avais pas imaginées ! »

Quand l'initiative vient de l'employeur, les motifs en sont parfois obscurs, voire assez contestables, et peuvent apparaître quelque temps plus tard...

« Après vingt ans dans cette société, c'est mon employeur qui m'a incité au bilan, suite à mon souhait d'évoluer vers une fonction de direction commerciale dans l'entreprise. J'ai rapidement compris qu'il attendait, à travers les conclusions du bilan, des motifs objectifs de me refuser cette évolution. Il a été déçu sur ce point mais a recruté peu de temps après un directeur commercial, me fermant toute possibilité d'évolution interne !

J'ai donc décidé de quitter l'entreprise, et les belles faveurs que le directeur général m'a consenties alors pour me garder – et éviter de me retrouver chez un concurrent ! – n'ont pas modifié ma décision. Le bilan m'avait apporté confirmation de mes capacités et confiance en moi, cela m'a aidé à dire non. Je suis aujourd'hui directeur commercial dans une PME, je ne regrette pas d'avoir tenu bon ! »

Dans l'expression des attentes

Dès l'entretien préliminaire, chacun exprime ses attentes vis-à-vis du bilan, qui seront ensuite approfondies dans les différentes étapes de travail. Celles-ci s'expriment souvent par des demandes adressées directement au consultant :

« Me faire prendre conscience de mes points forts et de mes lacunes... »

« J'attends que vous me disiez si je suis faite pour ce métier ! »

« Dites-moi si je suis capable de... »

Il est normal que les interrogations ressenties s'expriment en ces termes. Les réponses « justes » consistent à confirmer que le bilan pourra aider à éclairer le terrain, discerner ce qui est important pour soi, évaluer soi-même ses motivations, déterminer un projet, évaluer sa capacité d'investissement pour le mener à bien...

Au niveau des choix, conserver l'initiative

Pour faire un bon travail, donc un bon bilan, il faut être en confiance avec son consultant partenaire. C'est d'ailleurs surtout pour cette raison qu'on l'a choisi : on se sent écouté, compris, accepté sans réserves ni jugements, accompagné et soutenu. Tout va bien.

C'est justement ce « tout va bien » qui peut avoir un caractère de piège. Le confort d'être pris en charge par une personne de confiance et dans le cadre d'une méthode bien au point qui balise le terrain et garantit la progression, donne un sentiment de sécurité qui peut entraîner une baisse de l'esprit critique, voire de l'autonomie de pensée.

On peut avoir tendance à se laisser aller, à perdre sa vigilance ou son mordant.

« Le bilan a été un moment très agréable : j'étais branchée sur ce qui me plaisait, avec des gens qui me comprenaient, ce qui n'est pas toujours le cas des proches… »

Ces deux jeunes femmes ne sont pas tombées dans le piège :

« Il faut souligner dès le départ que l'on doit construire soi-même son projet, ne pas attendre 'le message' sur l'évolution de carrière à privilégier, encore moins une proposition d'emploi à la sortie ! »

« Je n'ai rien ressenti qui puisse s'apparenter à un piège où une difficulté particulière, parce que j'avais un but précis, et au cours du bilan je sentais à tout moment que j'avançais vers ce but.

Je pense qu'il ne faudrait pas se lancer dans le bilan de compétences si on y est poussé par quelqu'un d'autre, si on n'est pas pleinement volontaire, si on doit en quelque sorte 'subir'ce bilan.

Je n'ai jamais été tentée de répondre ou dire quelque chose que le consultant aurait pu attendre. J'ai vite compris que l'on fait soi-même tout le travail : le consultant met sur une voie et propose une méthode de réflexion, il ne fait pas les réponses. Bien sûr, il aidera à évaluer si on est prêt à mettre en œuvre les moyens de ses ambitions… »

Rester branché sur l'essentiel

Toutes les étapes du bilan de compétences concourent à cet objectif : élaborer et se mettre en situation de réaliser un projet professionnel de qualité.

En plongeant d'abord dans une analyse fine du passé, puis en passant du temps sur la recherche des potentialités, centres d'intérêt, contraintes...

Il faut garder en tête cette finalité, alterner des exercices d'analyse, de mémoire, de recherche, et des moments de réflexion plus qualitative et globale, la recherche du sens, les fils conducteurs, les moments déterminants, les personnalités qui ont joué un rôle important dans la vie...

Mais quand on est en recherche d'emploi, la priorité s'impose :

« En fait, il ne faudrait pas faire une analyse aussi poussée quand on est en recherche d'emploi : le premier impératif est d'agir, plutôt que s'introspecter ! »

Si l'on a ainsi été pris par l'urgence, un autre bilan de compétences dans quelques années permettra de définir un projet mieux adapté dans un climat plus serein.

Gérer cette contradiction entre l'intérêt d'approfondir et devoir faire face à la pression n'est pas facile.

Élaborer son projet

Nous l'avons vu, c'est un moment difficile. On se trouve soudain face à une obligation de conclure, face à la décision qui engage l'avenir, muni d'outils et matériaux dispersés, seul devant une responsabilité lourde.

Si le bilan a été bien conduit, on a fait des synthèses sur les valeurs à retenir, et la méthode de travail que nous avons proposée a toujours bien fonctionné.

Il faut seulement savoir que le trouble ressenti à ce stade du bilan est habituel et normal, que cette absence de visibilité n'empêchera pas à un bon projet d'émerger bientôt.

Un projet établi :

- sans craindre de solliciter son imagination pour explorer des voies nouvelles,
- sans se cacher les contraintes et motivations clés,
- sans sous-estimer les réalités du marché.

Sinon, c'est risquer un réveil pénible au lendemain du bilan. Ce beau projet qui brillait de mille feux devient plat, terne, presque étranger. On se sent soudain vraiment seul.

Chapitre 8
Le point de vue du consultant

Qui est la personne responsable de vous accompagner dans cette démarche ? Comment ressent-elle son rôle et sa responsabilité ? De quelles qualités doit-elle faire preuve pour mener à bien cette mission ? Mieux la connaître et la comprendre peut vous aider à faire d'elle un vrai partenaire de travail.

Au service de l'individu

Dans ses interventions en entreprises, le consultant en ressources humaines travaille pour le bien-être, le progrès et le développement des individus, mais il est mandaté par l'entreprise, chargé d'une mission qu'elle définit et finance. Il est choisi et récusable par elle, lui doit des comptes de son action. Il est contractuellement au service de l'institution, sauf dans le cas particulier, rare mais possible, où ses interventions sont convenues libres de tout compte à rendre.

Dans ses contacts, il peut se trouver témoin d'un conflit entre un salarié et l'employeur, ou seulement d'une divergence de vues. Ou recevoir des confidences d'un collaborateur en difficultés de relations avec sa hiérarchie. Même si, par éthique personnelle, le consultant décide de privilégier l'intérêt de l'individu, il n'aura bien souvent pas d'autre soutien à offrir que d'écouter, suggérer peut-être, et rester discret évidemment. Ne pas pouvoir aller plus loin, ni contribuer efficacement à la recherche d'une solution satisfaisante, est assez frustrant pour lui.

Cela peut être d'autant plus difficile à vivre pour un psychologue, dont la formation, plus clinique qu'industrielle et commerciale, est tournée fondamentalement vers la recherche du bien des personnes, considérées individuellement, en tout cas en dehors de toute institution.

Le bilan de compétences recrée un rapport direct et approfondi de personne à personne, le consultant pouvant assumer sa mission en toute liberté, sans avoir de comptes à rendre autres que le respect de règles déontologiques – qui vont dans le sens de sa propre éthique – et de règles administratives. Cette indépendance le responsabilise et le libère à la fois.

Les seules contraintes administratives gênantes consistent à devoir attendre en principe trois mois pour un salarié en poste avant de commencer le bilan, même quand il serait souhaitable, parfois impérieux, de démarrer plus vite, et à devoir le terminer en moins de cinq semaines pour un demandeur d'emploi quand il est évident que l'intéressé ne pourra y parvenir.

Il est bon que les candidats au bilan le sachent, cette « liberté d'assistance » est une puissante source de satisfaction pour les consultants qui conduisent des bilans de compétences.

Une grande liberté de méthode

À cette liberté de fond et d'engagement vis-à-vis d'une personne s'ajoute une grande liberté d'action dans la méthode de travail.

Une fois la convention signée par l'organisme gestionnaire des fonds, le consultant peut utiliser librement tous les moyens qui lui semblent nécessaires et planifier les opérations en s'adaptant à chaque cas particulier.

Il informera l'organisme sur l'existence et la transmission du compte rendu de synthèse et établira une attestation de présence aux séances de travail : ce sont les seules obligations administratives.

Par la suite, cet organisme adressera éventuellement au bénéficiaire du bilan de compétences un questionnaire pour connaître son opinion sur la qualité de la prestation.

Lorsque le bilan de compétences a été institué, on pouvait craindre que le cadre légal strict et les dispositions des décrets d'application aient des effets réducteurs, contraignant les prestataires à suivre une procédure directive et rigide. Ce n'est pas le cas, et finalement cette liberté de manœuvre est un gage de qualité en permettant de répondre à une grande diversité d'attentes individuelles.

Un ou deux consultants ?

Le bilan de compétences est le plus souvent conduit par un seul consultant, qui doit être alors psychologue pour être habilité à faire passer des tests.

Lorsqu'il est mené par deux consultants, l'un est psychologue, l'autre est souvent intervenant en entreprise, voire cadre d'entreprise consacrant une partie de son temps à accompagner des bilans.

La formule à deux consultants est jugée positive par la quasi-totalité des bénéficiaires de bilans, surtout quand les deux consultants diffèrent par l'âge, le sexe, l'expérience professionnelle, les approches et même les opinions.

Nous pensons que la diversité des apports est une richesse, idée unanimement partagée par nos partenaires en bilans de compétences, plus généralement par presque tous nos clients, récusée seulement par deux d'entre eux en vingt-cinq ans, troublés parce que « quand vous exprimez des avis différents en animant un stage de formation, cela peut donner aux participants le sentiment qu'il y a plusieurs vérités et non une seule »

Dans les bilans de compétences, s'instaure une relation spécifique de la personne avec chaque consultant, un mode de travail particulier, en plus des thèmes de travail qui diffèrent également. Les sujets abordés sont différents, le style aussi. Cela permet des éclairages variés pour l'intéressé, d'autant plus intéressants si les consultants sont très branchés sur la vie de l'entreprise, des synthèses à trois qui consolident les avancées.

« Deux consultants aux points de vue très différents, c'est bien. Une petite critique : j'aurais aimé un troisième interlocuteur, un professionnel faisant l'intermédiaire avec le terrain. »

« Deux interlocuteurs différents, c'est la meilleure garantie d'aborder tous les sujets sous tous les angles. Je ne peux pas imaginer qu'une seule personne puisse le faire. »

« Deux consultants différents et complémentaires, c'est très bien. On a le sentiment que sans l'un ou sans l'autre le bilan ne serait pas complet. »

Écoute et engagement

Se pose là, comme dans toute situation de gestion de relations humaines (formation, entretien annuel, orientation professionnelle…), la question de la non-directivité.

Le bénéficiaire du bilan de compétences place souvent au centre de ses attentes des interrogations tranchées :

« Dites-moi ce que je dois faire, quel métier, quel projet professionnel… »

Face à cette demande, face notamment au moment de panique de la page blanche (celle du candidat qui se sent incapable d'élaborer son projet), le consultant doit se rappeler que tout conseil serait un préjudice et que son rôle n'est pas d'élaborer le projet, seulement l'aider à voir le jour.

Une écoute de qualité pour percevoir les aspirations, une valorisation des potentialités non exploitées, une estimation de ce que son interlocuteur peut investir en prise de risque, puis en énergie dans la réalisation, sont des préalables nécessaires.

« Cette approche fondée sur une écoute approfondie, en confiance et hors du contexte professionnel, avait pour moi une valeur exceptionnelle. »

Il faut préciser que le bilan avait été demandé par l'employeur !

« Un accueil chaleureux, c'est parfait : pouvoir parler avec sincérité à quelqu'un qui ne juge pas. »

Porter une attention particulière à la qualité de son écoute peut réserver des surprises :

« Je trouvais que votre écoute était gênante. »

Explication : une telle écoute invitait implicitement à aborder des sujets personnels débordant du cadre que notre interlocuteur croyait imparti au bilan. Il se considérait en faute de répondre ainsi à l'écoute du consultant !

Renvoyer à son interlocuteur des questions-clés, celles auxquelles on a du mal à répondre sur-le-champ car il faut rechercher la réponse dans les profondeurs, l'aidera à entrer dans la méthode du « noyau dur » pour fixer des contours encore flous mais essentiels à un projet possible, puis à le conceptualiser, enfin à hiérarchiser plusieurs projets.

Une bonne connaissance du marché de l'emploi, des métiers, débouchés, filières de formation, fournira un éclairage sur les réalités, une information. Informer n'est pas conseiller, c'est éclairer, en laissant à l'autre l'interprétation et la décision.

Le consultant ne perdra jamais de vue qu'il doit entraîner son interlocuteur à l'autonomie dans sa démarche.

Chapitre 9
Comment exploiter son bilan ?

Que faire de son bilan ? Se limiter au travail réalisé sur soi, ou l'utiliser comme un point de départ pour une « nouvelle aventure professionnelle » ? Bien entendu, on pense plutôt à un rebondissement qu'à un retour ou statu quo. Dans ce cas, beaucoup reste à faire, un parcours dont chaque étape est à penser, préparer et conduire avec méthode.

Commencer par le poursuivre

Le bilan de compétences porte plus loin

Le bilan de compétences est beaucoup plus qu'une simple parenthèse dans le parcours professionnel ou moment particulier glissé entre deux expériences. C'est l'accès à une démarche de pensée consistant à prendre en charge volontairement et activement son devenir professionnel.

Le bilan lui-même en est la première étape, le coup d'envoi, sous une forme pragmatique et organisée, menée dans un état d'esprit nouveau, mais destiné à devenir permanent.

Ainsi, le bilan est loin d'être terminé quand sa synthèse est rédigée et le processus administratif clos.

« Comme je l'espérais, le bilan m'a aidé à formaliser des axes de recherche, mais j'attendais davantage de retours critiques pour m'aider à hiérarchiser ces projets. J'ai repris au calme tout ce qui avait été écrit, et

choisi la voie de 'chef de projet', celle de la plus grande prise d'angle. Je ne l'aurais pas fait spontanément sans ces points de repère. Ce choix s'est avéré pertinent. Aujourd'hui, mission terminée, je me retrouve face aux mêmes questions. »

« Je ne suis pas mon bilan à la lettre… mais il se trouve que je suis quand même ses conclusions. Il est bon d'avoir un support papier auquel se référer. Je le relis de temps à autre. »

« Après cinq ans, j'ai réalisé une partie des objectifs que je m'étais fixés. Je suis content de voir le chemin parcouru. »

« À la fin du bilan, je me suis rassurée par un projet qui préexistait. En fait, le processus a continué, car j'en suis arrivée quelques mois plus tard à un projet moins réaliste : l'intérêt est d'en faire un processus continu, car on ne cesse de rebondir et rebondir… »

On peut ainsi reprendre pied grâce au bilan, en accomplissant un vrai projet (pas « par défaut »), et retrouver le désir et l'énergie de franchir une nouvelle étape :

« Me retrouvant seule et désemparée après une période éprouvante, j'attendais du bilan de compétences il y a trois ans une remise en selle. Ce travail m'a permis de concentrer mon énergie sur un projet mettant à contribution toutes mes compétences acquises, et de mettre au point une méthode active et des outils performants de recherche d'emploi. J'ai trouvé en deux mois un emploi idéal, dans ces circonstances.

Mais cette aventure a éveillé en moi la certitude que je peux encore progresser. J'ai entrepris une formation de longue durée au CNAM. Dans un an ou deux, je voudrais quitter la voie hiérarchique pour exercer des responsabilités fonctionnelles. »

Concrètement et à court terme

Si nous en restons pour le moment à ses retombées pratiques et immédiates, cette première étape a permis d'établir un plan d'action : recherches d'informations, dossier de demande de formation, discussion avec l'employeur actuel, recherche d'emploi, ou seulement poursuite de la réflexion pour approfondir le projet ou confirmer les choix. Il ne faut pas hésiter à revoir son consultant partenaire au titre de sa mission de suivi, l'interroger sur ce qui relève de sa compétence : marché de l'emploi, débouchés, filières et stratégie d'accès, argumentation du projet...

Nous connaissons un consultant qui ne sait jamais où il a posé ses clés, mais a bien en tête les projets des soixante-seize personnes dont il a accompagné les bilans ! En parler avec elles ne l'ennuie jamais, même quatre ou cinq ans après.

Le présenter à des tiers ?

Aux proches

On peut toujours montrer son bilan de compétences à des proches, noter les réactions de ceux qui vous connaissent bien à la lecture des conclusions du bilan.

« Je lui ai montré ma grapho, ça m'a intéressé d'en parler avec elle. »

Leurs avis sur votre projet professionnel peuvent également vous être utiles, tout particulièrement ceux de votre proche entourage familial, directement concerné par votre activité, ou indirectement par votre disponibilité résiduelle ! Certains projets lourds ne peuvent être menés à bien sans risques de dégâts familiaux qu'avec le plein accord, pour ne pas dire le soutien actif, de la cellule familiale.

À l'employeur actuel

La question est surtout de savoir si l'on a intérêt à le présenter à son employeur, sachant que ce n'est nullement une obligation. Pourquoi pas, si cela peut vous être profitable. Dans ce cas, vous pouvez montrer la partie projet pour argumenter une demande de formation, voire un changement de poste ou une promotion.

Il faut seulement vous assurer que le consultant a rédigé un compte rendu ne risquant pas de vous mettre en porte à faux vis-à-vis de votre employeur.

« J'utiliserai peut-être mon bilan pour changer de métier dans la fusion qui se prépare. »

À un organisme de formation

Une formation est à la fois un investissement personnel et un privilège. Il ne faut pas s'imaginer qu'une demande de formation est une formalité aboutissant d'office, même si elle vous semble adaptée, indispensable. Obtenir le financement d'un congé formation, ou d'une formation par le canal de l'ANPE, l'APEC ou le FONGECIF suppose plusieurs entretiens préalables et un examen de votre dossier en commission.

Plus la synthèse de votre bilan sera claire dans l'identification de la formation souhaitée, son utilité, les retombées attendues, sa pertinence face au projet et la manière dont elle en conditionnera le succès, meilleure sera votre argumentation et vos chances d'obtenir cette formation.

À un employeur potentiel

Quant à l'employeur futur, il peut être intéressé par l'argumentation qui soutient le projet professionnel, notamment dans le cas de reconversion : double risque pour lui, l'adaptation d'une personnalité inconnue et l'efficacité dans un métier nouveau pour elle.

Dans ce cas, faire apparaître plusieurs projets, surtout avec de fortes prises d'angles, pourrait le faire douter de votre motivation ou de votre réalisme. Autant une conclusion centrée et ciblée peut tenir lieu d'argument puissant, autant une conclusion trop ouverte risque de vous desservir.

L'employeur doit être guidé et aidé dans la réponse à ses deux questions :

- Ce projet réussira-t-il ? est-il cohérent, solide, soutenu par des connaissances, compétences, motivations probantes ?
- Ce collaborateur va-t-il réussir son intégration dans l'entreprise ?

« On me demande si j'ai fait un bilan, ou bien je le dis spontanément. Je ne sors pas le document, mais j'en parle et je rencontre des réactions très positives. »

« On m'a demandé mon bilan pour justifier ma demande d'exercer en tant que formateur. Cela n'a pas soulevé de difficultés. »

Le portrait de personnalité

En principe la partie personnalité, qu'il vaut mieux rédiger séparément de la synthèse sur le projet, n'a pas à être montrée dans un cadre professionnel, sauf si vous pensez qu'elle vous donne des atouts pour répondre à la seconde interrogation de l'employeur sur votre bonne intégration.

Guide de réflexion pour bien exploiter l'opportunité du bilan

Tout va bien pour moi, merci.	Je m'informe tout de même sur le bilan de compétences, surtout si cette situation favorable dure depuis longtemps.
Je ne suis pas pleinement satisfait(e) dans mon job actuel...	Je me dépêche d'examiner l'opportunité bilan de compétences, que mon insatisfaction vienne de l'extérieur (environnement professionnel) ou de l'intérieur (aspirations).
Encore en poste, peut-être plus pour très longtemps...	Je téléphone au FONGECIF qui m'envoie un dossier ou m'indique l'OPACIF de ma branche, définie par le code APE de mon employeur.
Je décide de plonger !	Je sélectionne et rencontre quelques prestataires. Je retourne mon dossier, partenaire choisi et employeur au courant ou non. Le bilan démarre 3 mois plus tard. Il dure 1 à 2 mois, entretien de suivi après 6 mois. Je ne devrai rien débourser en principe, sauf accord spécial avec le prestataire.
Je me retrouve chômeur brutalement sans avoir fait de bilan de compétences.	Je consulte APEC ou ANPE et demande un bilan. Je choisis mon partenaire comme ci-dessus, dans les 2 mois de la remise du chéquier. Le bilan démarre aussitôt et dure 1 à 2 mois. Entretien(s) de suivi Il m'en aura coûté 500 F TTC (cadre) ou rien.
Les choses ne vont pas mieux pour moi, mon chômage se prolonge, mon projet n'aboutit pas.	Je rencontre à nouveau mon consultant partenaire en bilan de compétences, au titre du suivi. Je sollicite auprès de mon conseiller APEC ou ANPE un cycle d'entretiens de soutien ou d'autres voies de reclassement, formation par exemple (voir en annexes).

3 Bonnes pratiques et outils

Chapitre 10
Choisir son partenaire

Un bilan de compétences se fait à deux, ou à trois : vous et le ou les consultants prestataires. Il constitue un moment clé de votre carrière et, nous l'avons vu précédemment, ses répercussions sur votre avenir, tant professionnel que personnel, peuvent se révéler capitales. Pour que le résultat soit à la hauteur de vos espérances et pour profiter au mieux de ce temps fort, nous vous encourageons vivement à sélectionner avec soin qui sera à vos côtés et fera équipe avec vous.

Généraliste ou spécialiste

Spécialiste ?

Vous savez exactement ce que vous voulez faire, dans quel secteur précis et pointu vous voulez rester ou entrer, vous avez déjà élaboré un projet professionnel jusque dans ses détails, que vous désirez faire valider ou amender par un expert en ce domaine... En fait, c'est comme si vous aviez déjà fait vous-même votre bilan de compétences, vous trouvant aujourd'hui face à la mise en application de votre projet.

Dans ce cas votre intérêt est peut-être de choisir un prestataire spécialisé. Mais nous pensons que c'est contraire à l'esprit du bilan de compétences. Vous auriez plus à gagner en faisant votre bilan de compétences avec un généraliste, puis à valider le ou les projets qui en sortiront par des entretiens avec des spécialistes des domaines correspondants.

Généraliste ?

Si vous abordez le bilan de compétences l'esprit ouvert, sans a priori, désireux d'explorer des zones nouvelles, dont vous n'avez pas encore défini les contours ni les limites, mettre à contribution des potentialités non exploitées, faire le point en profondeur sur vos propres motivations, choisissez sans hésiter un généraliste.

Moins compétent pour visualiser le détail d'un secteur que vous connaissez peut-être déjà bien si c'est le vôtre, ou pour évaluer précisément le niveau de vos compétences dans votre domaine spécialisé, il sera en revanche plus à même de vous guider dans une réflexion à la fois profonde et ouverte et de gérer une prise d'angle dans quinze domaines dont vous ignorez tout.

Se montrer exigeant

Le rôle du consultant, votre partenaire de travail, est très important : il va vous accompagner dans une démarche personnelle d'une grande portée. De sa qualité peuvent dépendre dix ans de votre vie professionnelle. Vous ne serez jamais trop exigeant dans votre choix. Voici quelques règles de bon sens pour limiter les risques d'erreur :

1. Noter la qualité de l'accueil au téléphone, la possibilité de parler à un consultant, sa disponibilité pour vous dire quelques mots sur le sujet ou répondre à une question préliminaire importante pour vous.
2. Prendre rendez-vous ferme, prévoir 45 minutes à 1 heure, gérer l'entretien sur cette base. Attacher de l'importance à être reçu par le ou les consultants qui conduiront ce bilan.

3. Être sensible au fait que le consultant croit à fond au bilan de compétences, qu'il en réalise personnellement au moins un par mois en moyenne, mais pas plus de 4 ou 5, c'est-à-dire que cela n'est pour lui ni une activité marginale ni sa seule activité.
4. Le questionner sur ses autres activités, constater par exemple qu'il passe une large part de son temps dans les entreprises, que c'est pour lui une occasion concrète de rester directement en prise avec le terrain et le monde du travail.
5. Le questionner sur ses méthodes, l'intérêt et la limite des tests, pourquoi ou non une analyse graphologique, comment les compétences sont évaluées, quelles notions essentielles sous-tendent chaque étape de la démarche. Il est important qu'il existe à la fois une méthode structurée, référence de base, et une grande capacité d'ouverture du consultant.
6. S'assurer de la disponibilité du consultant, de la qualité de son écoute, de sa compréhension de la situation, de sa perception des choses au-delà des informations que vous aurez communiquées.
7. Préférer la formule où l'on travaillera avec alternativement deux consultants et où tout se passe individuellement.
8. Être attentif au risque du consultant qui vous donne des conseils dès le premier entretien, sans connaître bien la situation, qui prévoit déjà les orientations qui devraient vous convenir.
9. Éviter de croire le consultant qui vous promet de vous trouver un emploi, c'est probablement un argument commercial, trop de gens se laissent abuser par cet espoir.
10. Ne jamais signer sur-le-champ si on garde le moindre doute sur son choix, rentrer chez soi, comparer la tête froide les différentes propositions, revoir ou rappeler les deux que l'on pense préférer, pour approfondir tel ou tel point particulier, aborder une question oubliée et choisir.

Si vous rencontrez par exemple trois ou quatre cabinets – fourchette raisonnable –, il y a peu de chance a priori que le dernier soit justement le mieux adapté. Ne vous laissez pas forcer la main. Dites que vous avez encore quelqu'un à voir ou que vous voulez faire ce choix important à tête reposée.

« J'avais rencontré six cabinets. Deux seulement m'ont semblé possibles. Je privilégiais l'approche humaine. Cette dimension humaine était encore plus importante pour moi que la compétence. »

« La méthode est ce qu'en font les consultants. »

« Avec la liste APEC/ANPE, j'ai rencontré des petits cabinets de proximité et des grands cabinets parisiens très structurés, avec un encadrement assez directif. J'ai choisi une petite équipe de consultants très différents et complémentaires. Dans mon choix, j'ai surtout été sensible :

- à leurs profils de professionnels, passionnés par leur métier de consultants en R.H. après l'avoir été par leurs métiers en entreprises, et restés très intervenants dans les entreprises ;- à leur aptitude à me mettre à l'aise d'emblée, dans une situation où je n'avais que trop tendance à me culpabiliser ! »

« J'ai choisi un cabinet que je ne connaissais pas. Son nom m'avait été cité dans une conversation. Quand on se pose des questions, il faut rencontrer des professionnels. Le bilan de compétences est une bonne démarche. »

« J'ai choisi le cabinet pour la chaleur de l'accueil, la qualité de l'écoute, le sérieux de la méthode – sur laquelle j'avais été bien informée –, et la personnalisation de l'approche. »

« J'ai porté mon choix sur une petite structure plus souple, de préférence à celles de cabinets importants où l'on ne rencontre même pas le consultant avec qui on va faire le bilan ! »

« Après mon bilan, j'en ai parlé avec des collègues qui avaient eu recours à d'autres cabinets : plusieurs étaient déçus, après des bilans bâclés qui n'ont servi à rien : séances collectives ou demi-journées enfermé seul face à des tests. Il faut faire attention quand on choisit ! »

« Ma femme aussi a fait un bilan de compétences : par comparaison, le sien était beaucoup plus automatisé, moins personnalisé, rien à voir avec le mien. »

Même sollicité, un conseil est un préjudice

Personne ne peut vous donner un conseil pertinent sur un sujet important qui vous touche très personnellement.

Pour vous en convaincre, posez la même question sensible à plusieurs personnes, choisies à la fois compétentes et amies, vous aurez des réponses différentes.

Chacune vous répond en se repérant à son propre système de références.

Avec la meilleure volonté, on pourra vous donner des conseils valables objectivement, c'est-à-dire seulement des informations, jamais de conseils valables subjectivement, prenant en compte toutes vos données de motivation, sensibilité, doutes, énergie pour agir…

Or ce sont souvent les plus déterminantes pour réussir.

Le bon consultant ne donne pas spontanément de solutions, qui plus est il ne répond pas à vos questions, par exemple sur ce que vous devriez faire.

Il vous pose des questions clés qui vous conduisent à mettre à jour des aspirations, potentialités, opinions enfouies ou masquées.

Des questions ouvertes qui vous aident à sélectionner vos valeurs, à les hiérarchiser, à choisir finalement une attitude ou une action compatibles avec votre propre système de référence.

Mieux vaut une solution de valeur moyenne que vous aurez construite vous-même et saurez gérer en la maîtrisant bien, qu'une solution parfaite que vous vous sentiriez moins à l'aise pour mettre en œuvre.

Donner un conseil, c'est dans une certaine mesure prendre le pouvoir, vous ne devez laisser ce droit à personne. Surtout si vous vous sentez en difficulté.

Dans ce cas, le bon consultant saura créer le climat de réconfort nécessaire, il aura la patience d'attendre que vous soyez en état de reprendre le dessus pour décider en liberté et avec autonomie.

Le coût du bilan de compétences

Le financement du prestataire

Le coût d'un bilan de compétences dans un cabinet privé s'échelonne entre 8 000 et 20 000 F environ, hors TVA. Ce sont des tarifs forfaitaires qui tiennent compte d'une certaine standardisation de la procédure. Il est évident qu'un cabinet qui facture 12 000 F en y consacrant dix-huit ou vingt heures sans compter le suivi, abaisse de 20 à 40 % son tarif d'intervention habituel en entreprises.

Le FONGECIF finance le bilan à hauteur de 10 000 F HT et l'APEC/ANPE environ 4 500 F HT. Ces sommes étant inférieures aux tarifs des prestataires, certains compensent en y consacrant sensiblement moins de temps ou en pratiquant certaines phases de manière collective. D'une façon générale, tout en étant très favorables au principe du travail en groupe, par exemple au niveau de l'accompagnement, nous pensons que le bilan de compétences devrait rester strictement individuel. Par ailleurs il ne nous semble pas possible de conduire sérieusement un bilan sans lui consacrer en moyenne seize à dix-huit heures, parfois sensiblement plus.

Revenons un instant sur le débat entre les actions individuelles et collectives, avec un témoignage intéressant.

« *Quelque temps après le bilan, j'ai ressenti le besoin d'autre chose après de nouvelles difficultés professionnelles. Sur la recommandation de mon conseiller ASSEDIC, j'ai fait une expérience de dynamique de groupe tout à fait intéressante pendant trois mois. Proche de la réalité par la vie d'équipe, dynamisante par l'effet de groupe, elle m'a donné un regain de confiance beaucoup plus fort en me permettant de retrouver certaines de mes qualités. Après le bilan, j'étais satisfait. Après l'expérience de groupe, je le suis encore bien davantage.* »

Cette réaction nous confirme qu'au niveau de l'accompagnement, le travail en groupe est excellent. Tout particulièrement dans le cas présent. Ce cadre de haut niveau avait achevé son bilan avec deux projets à mener simultanément : engagé à mi-temps dans une entreprise pour gérer un projet à la fois technique et commercial, il se consacrait par ailleurs au développement d'une entreprise d'études et conseils qu'il avait créée.

Cette répartition formait un bon équilibre. S'il s'est retrouvé seul en fin de mission, il est tout naturel qu'il ait ressenti le besoin de se ressourcer dans un groupe (où il a dû se trouver vite en position de leader). L'analyse particulièrement approfondie qu'il avait réalisée pendant son bilan ne lui aura pas été inutile par la suite.

Que paye le candidat au bilan ?

Dans la procédure du chéquier Cadres APEC/ANPE, c'est simple : 500 F.

Par l'ANPE, dans un CIBC : gratuit depuis mai 2000.

Côté OPACIF, le FONGECIF, par exemple, précise au demandeur dans sa convention que tout dépassement éventuel sera à sa charge.

Pour notre part, nous trouvons normal que le prestataire ne demande aucune participation financière au-delà de ce que lui réglera l'OPACIF, en tout cas pas plus de 500 F (pour un cadre). Si le centre de bilan n'aborde pas cette question, il ne faut pas la laisser dans l'ombre, de manière que les choses soient claires dès l'entretien préliminaire.

Chapitre 11
Règles de déontologie

La notion de confidentialité vient spontanément à l'esprit quand on parle du bilan de compétences. Nous l'étudierons bien évidemment, après avoir évoqué les règles de déontologie qui se rattachent à ce que nous avons appelé les écrits du bilan. Ces points seront complétés par quelques précisions sur d'autres règles éthiques nécessaires à la bonne pratique d'un bilan comme l'impartialité ou la garantie de bonne fin.

Les écrits du bilan

Les documents bruts de travail

Il s'agit de tous les documents utilisés par l'intéressé dans son travail, auxquels il aura mis la main, pour la partie professionnelle du bilan : guides de réflexions, analyses, propositions, notes personnelles…

Ces documents peuvent être rassemblés dans une reliure qu'il conservera, où prendront place également les pièces administratives du bilan.

Les informations recueillies à l'extérieur

L'ensemble des informations recueillies par la lecture d'ouvrages et par la voie d'organismes tels CIO, écoles et centres de formation, APEC, ANPE, associations… sur les filières, formations envisageables, aides à la création d'entreprises et toutes autres données pouvant aider à la mise en œuvre des projets trouveront place dans la reliure, ou dans un dossier annexe, selon le volume.

On pourra y placer aussi les comptes rendus d'entretiens en entreprises ou avec d'autres consultants et personnes ayant aidé à l'orientation.

Les étapes du bilan

Ces étapes peuvent être regroupées dans un compte rendu du consultant accompagnateur.

Ce compte rendu rassemblera ce que l'on peut retirer des principaux documents de travail, les éléments clés, les constats majeurs, par exemple l'inventaire et l'évaluation des compétences, les centres d'intérêt dominants, les contraintes déterminantes…

Tout cela nourrira un intercalaire supplémentaire dans la reliure.

Le portrait de personnalité

Celui-ci aura été rédigé séparément, comprenant la forme de l'intelligence, les traits du caractère, les comportements professionnels, les potentialités.

Tel quel, il pourra éventuellement être présenté à des tiers, comme on l'a vu précédemment.

Cette partie de la reliure comprendra l'auto-analyse de la personnalité, l'analyse graphologique, les qualités perçues par l'entourage et les résultats des tests passés au cours du bilan.

La synthèse sur le ou les projets

C'est le document essentiel, d'ailleurs le seul imposé par les règlements. Il reprend l'objectif général poursuivi, la description détaillée des projets, leurs conditions de réussite, les formations nécessaires ou utiles, la marche à suivre pour promouvoir et mener à bien le projet.

Une conclusion du consultant l'engagera en mettant l'accent sur les atouts de l'intéressé et les facteurs essentiels qui vont concourir au succès du projet choisi.

Il est important que ce document de synthèse puisse être un outil de promotion du projet, donc communicable, clair, objectif, argumenté, crédible. Il matérialise aussi pour l'intéressé le but qu'il poursuit et les moyens à mettre en œuvre pour l'atteindre.

Le devenir de ces documents

Le règlement prévoit que des copies de toutes ces pièces peuvent être conservées par le prestataire, pendant une durée maximale d'un an et sous réserve de l'accord formel de l'intéressé.

Pendant quelques années, cette règle nous a beaucoup gênés, dans la mesure où nos actions de suivi se sont parfois poursuivies… très longtemps. Il nous semblait indispensable de tout conserver bien au-delà des limites autorisées, nos interlocuteurs étant bien entendu d'accord, pour faire un suivi efficace.

Après échanges sur le sujet avec notre OPACIF préféré, nous avons pris le parti de rendre à l'intéressé l'intégralité des documents concernant son bilan, ne conservant que ses coordonnées et, s'il nous le donne, son curriculum vitæ.

Nous lui demandons seulement d'apporter sa reliure quand nous nous reverrons pour le suivi. Cette formule semble bien fonctionner. L'expérience montre que l'on garde assez bien en mémoire les éléments essentiels utiles, notamment sur les projets.

Confidentialité

Cette notion est tout à fait essentielle dans les règles du bilan de compétences, dont elle forme un des fondements.

Qui sait quoi ?

Sont informés que M. X. fait un bilan de compétences chez le prestataire Y. à partir de telle date :

- si la personne est demandeur d'emploi : l'APEC, l'ANPE, le prestataire, l'intéressé ;
- si elle est en activité et a choisi la formule du CIF (congé individuel de formation) : l'OPACIF concerné, le prestataire, l'intéressé, son employeur.
  Dans les deux cas, il s'agit des trois partenaires de la convention tripartite signée par eux, dans le second cas l'employeur est nécessairement au courant de la démarche, puisqu'il doit donner congé à son salarié pendant au total trois jours (et être remboursé de ces trois jours de salaire de l'employé) ;
- si la personne est en activité chez un employeur qui finance le bilan sur le plan de formation ou dans le cadre d'un plan social, sont seuls au courant : l'employeur, le salarié bénéficiaire, le prestataire.

Le bilan de compétences dans la discrétion

« Mais alors, si je comprends bien, mon employeur sera forcément au courant. Dans ces conditions, je crois qu'il est plus prudent pour moi de m'abstenir… vraiment c'est dommage ! »

Nous avons entendu plusieurs fois cette remarque de salariés craignant des conséquences désagréables, craintes trop souvent justifiées quand on constate certaines réactions d'entreprises vis-à-vis de candidats au bilan ayant transmis innocemment leur demande. Nous ne sommes sans doute pas les seuls à avoir fait part de ce problème au FONGECIF : depuis 1995, il est possible de faire son bilan à l'insu de son employeur, il suffit de rayer sur le dossier de candidature la page réservée à l'employeur, et bien sûr de faire son bilan hors des heures de travail. Saine mesure, confirmée par le nombre de bilans réalisés à l'insu de l'employeur, qui ne cesse d'augmenter, avec une rapidité impressionnante : un sur trois dans les OPACIF en 1995, un sur deux en 1997, près de deux sur trois en 1999.

La généralisation des semaines de 35 heures sur quatre jours facilitera les choses pour planifier les séances de travail à des heures décentes.

Un seul problème subsistait : faire reconnaître comme accident du travail celui qui pourrait survenir à l'occasion d'un bilan de compétences réalisé à l'insu de l'employeur. Cette question est en voie de résolution favorable.

La confidentialité est totale

Cette confidentialité va plus loin et ne souffre pas d'exception : aucune information sur le contenu du bilan ne doit sortir du binôme 'consultant/intéressé', que ce soit vers l'employeur mais aussi l'organisme financeur. Seules sont communicables l'attestation des moments de présence chez le prestataire et l'attestation de remise du compte rendu de synthèse au bénéficiaire.

Ce dernier sera le seul à décider s'il veut montrer ce compte rendu à son employeur. Dans l'hypothèse où il le souhaiterait, il peut commenter lui-même ce document à sa hiérarchie ou sa DRH, au cours d'un entretien qu'il aura pu préparer avec le consultant. Ce dernier n'a pas à participer à l'entretien, ni à rencontrer l'entreprise à propos de ce bilan. Il ne s'agit pas d'un « bilan professionnel ».

Autres règles éthiques

Professionnalisme

Toutes ces règles relèvent simplement de la conscience professionnelle.

À commencer par le professionnalisme, composé de compétence et de soin.

Le consultant est habitué à ce type d'exigence dans l'accomplissement de ses missions dans les entreprises. En l'occurrence, il lui incombe d'assumer cette obligation de qualité avec d'autant plus de rigueur qu'il a en face de lui un individu isolé ne disposant pas de références pour évaluer la qualité de la prestation, et encore moins de possibilités de recours s'il ne se sent pas totalement satisfait. Il pourrait bien sûr s'adresser à l'organisme financeur ou à la Chambre Syndicale, mais il ignore le plus souvent cette possibilité ou n'est pas disposé à engager une démarche contentieuse au milieu du bilan.

Le consultant est peut-être lui aussi dans une position relativement isolée qui lui donne peu de moyens pour évaluer son niveau de qualité. Seuls repères pour lui : chercher sans cesse à améliorer sa méthode, échanger avec les bénéficiaires des bilans, avec d'autres consultants, rester en éveil sans jamais atteindre la satisfaction de soi.

Impartialité

Dans le sens que nous lui donnons ici, l'impartialité n'est pas du tout l'expression d'un désengagement. C'est au contraire une qualité qui traduit un engagement fort dans l'accompagnement attentif d'une démarche aux enjeux majeurs pour l'intéressé, sans toutefois tomber dans les pièges de l'engagement intempestif : directivité ou jugement moral, nous l'avons vu, mais aussi prise de parti. Trois attitudes qui empêchent ou retardent les prises de conscience. Or celles-ci sont indispensables à la lucidité dans la définition du projet et à la mobilisation de toute l'énergie pour le mener à bien.

Pour le consultant, il est difficile d'être concerné, attentif et actif, motivé à faire avancer, tout en restant non-directif et en respectant intégralement la personnalité, les motivations et les choix, y compris passés, de son interlocuteur. Difficile d'être évaluateur – c'est dans le principe même du bilan – et de s'interdire tout ce qui peut ressembler à un jugement moral. À cet égard : « Alors là, vous avez eu bien raison ! » est une prise de parti tout aussi flagrante que : « Vous n'auriez jamais dû faire ça ! »... même si c'est moins désagréable à entendre.

Équité

Pour des raisons purement subjectives, il est naturel que le consultant se sente plus ou moins « en phase », en sympathie, avec ses différents interlocuteurs dans les bilans. Il est souhaitable que cela n'influence pas ses attitudes et son comportement, qu'il se consacre avec la même qualité à sa mission d'assistance à la réussite du bilan, même quand cela lui demande plus d'effort.

La constance au niveau disponibilité, patience, pédagogie, se manifeste ainsi dans le temps, la durée, mais aussi dans leur attribution à tous les bénéficiaires.

S'il n'y a pas de sympathie spontanée et réciproque, c'est évidemment au consultant qu'il appartient d'abord d'assurer un bon climat permanent et d'accepter l'autre tel qu'il est. En début de bilan, le candidat peut se trouver en situation délicate, difficile, voire dramatique. En cours de bilan, des prises de conscience qui vont modifier profondément son champ professionnel ou mettre en cause des choix personnels importants peuvent le secouer fortement.

Garantie de bonne fin

Personne ne peut garantir la réalisation d'un projet ni une réussite sur le long terme. Le consultant a une obligation de moyens, non de résultat.

Nous ne parlons donc que de moyens. Il y a la qualité des moyens, et leur quantité. Nous avons largement évoqué la qualité sous tous ses angles, tant sur le plan des attitudes d'esprit, des formes de comportements, que de la compétence technique. Si le profil de ce consultant idéal n'existe pas, on peut au moins faire l'effort d'y tendre.

La quantité s'exprime par un nombre d'heures de conseil, que le FONGECIF fixe à un minimum de dix. En pratiquant, le consultant constatera vite qu'il s'agit d'un petit minimum, bien au-dessous du temps moyen nécessaire pour conduire correctement un bilan. Le cas le plus typique est celui de la personne qui se trouve très ralentie, patine, ne parvient plus à se concentrer, perd le fil et n'a pas la force de se relancer. Ne pas adapter son propre rythme à cette situation, avancer en force et clore le bilan d'autorité, cela nous semble assimilable à un manque de conscience professionnelle, un abus de pouvoir, un abandon. À moins de prolonger le bilan par un suivi spécial qui en assurera la bonne fin, en ayant précisé clairement à l'intéressé que l'on est entré maintenant dans la phase de suivi du bilan.

Chapitre 12
Procédures du bilan de compétences

Vous en savez désormais assez pour décider si cette démarche vous convient. Examinons maintenant concrètement sa mise en œuvre : comment les choses vont-elles se passer pour vous dans la pratique, en fonction de votre situation ? Du lancement à la clôture, en prenant en compte d'emblée les critiques que vous pourriez avoir à formuler une fois le bilan terminé.

Le lancement du bilan

Quatre situations

Quand le bénéficiaire a choisi son prestataire, il « n'a plus qu'à » lancer le bilan. La procédure diffère sensiblement selon sa situation et la formule de financement retenue. Quatre cas peuvent se présenter.

- ***Il est demandeur d'emploi*** : la procédure est toute simple : le prestataire choisi et le bénéficiaire signent le premier volet du chéquier et l'adressent au centre de gestion de bilans de compétences APEC/ANPE pour les cadres ou à l'antenne ANPE pour les non cadres. Le bilan peut commencer aussitôt, la signature commune du chéquier valant convention.

- ***Il est en poste et passe par un OPACIF au titre du congé individuel de formation*** : il remplit la demande de prise en charge de l'OPACIF dont il dépend, l'employeur remplit la rubrique qui le concerne, ayant pour objet d'être remboursé à la fin du salaire de trois jours d'absence, le demandeur adresse le dossier avec ses pièces annexes à l'OPACIF. Puis il est soumis au délai de décision imposé par le financeur.
- ***Il est en poste et le bilan est financé sur le plan de formation de l'entreprise*** : la convention sera signée entre le prestataire, le demandeur et son employeur (modèle du FONGECIF Île-de-France en annexe).
- ***Il est en poste et souhaite faire le bilan à l'insu de son employeur*** : il raye la page concernant l'employeur sur la demande de prise en charge et procède comme dans le cas précédent pour tout le reste.

Cinq remarques pour un candidat en poste. Ces quelques remarques concernant les bilans financés par un OPACIF nous semblent devoir être ajoutées.

1. Soyez très explicite en présentant vos motivations au bilan : si votre emploi est menacé, si l'évolution de votre métier rend fort probable une obligation de reconversion prochaine, si des contraintes lourdes vous obligent à envisager de changer de voie, si vous risquez de vous retrouver bientôt sur le marché de l'emploi, ces informations méritent d'être connues de l'organisme en charge d'accepter ou non votre demande, et dont le devoir est de le faire à bon escient, et dans le cadre d'un budget général limité.

2. Joignez bien toutes les pièces demandées, sans oublier « les documents présentant les modalités de la prestation », que vous aurez donc demandés en double au prestataire. Ne considérez pas que l'OPACIF doit bien connaître ces documents : chaque dossier de demande est instruit séparément et doit être complet.

3. L'OPACIF peut prévoir un délai d'étude du dossier, puis de réflexion pour l'employeur, en l'occurrence trois mois pour le FONGECIF-Île-de-France. Vous devez donc indi-

quer pour le début du bilan une date postérieure de trois mois au jour de réception de votre demande par le FONGECIF, sinon votre demande sera rejetée, on vous demandera de recommencer le parcours. Cette case est donc à remplir après que l'employeur aura complété sa rubrique ; contrôlez la chose et postez vous-même votre dossier, c'est plus sûr.

4. Rappelons que la confidentialité du contenu du bilan et de la synthèse écrite est totale : seul le bénéficiaire et le prestataire en ont connaissance, pas l'employeur ni l'organisme financeur.
5. Dans le cas particulier du bilan de compétences financé sur le plan de formation de l'entreprise, l'employeur peut avoir connaissance d'une synthèse écrite dans des conditions précises, mentionnées sur la convention tripartite employeur/bénéficiaire/prestataire où l'employeur aura dû également faire figurer l'objectif qu'il poursuit. Notons que l'employeur ne peut s'opposer au bilan, qui est un droit de son employé : il peut seulement le différer, jusqu'à six mois au maximum. Démarches qui traînent, négociations laborieuses, bilan reculé de six mois et trois mois de délai administratif de mise en route, plus d'un an s'est écoulé, beaucoup de choses ont pu arriver entre temps… là encore, si vous attendez ou constatez des résistances, si par ailleurs l'horizon s'assombrit, voyez si votre intérêt n'est pas de prendre à votre charge, non pas le coût mais le temps du bilan, en traitant directement avec l'organisme financeur et en le faisant hors temps de travail.

Cas du salarié en CDD

Le bilan de compétences s'adresse également au salarié en contrat à durée déterminée. Cette démarche est même spécialement adaptée à la situation. L'accès au bilan est d'ailleurs facilité aux personnes en CDD et, dans les faits, celles-ci forment une large majorité des bénéficiaires du bilan de compétences.

Cas du bilan professionnel

Le cas du « bilan professionnel » est particulier : aucun texte n'en fixe les modalités, celles-ci sont à convenir librement entre l'employeur et son salarié, le financement pouvant être assuré sur le plan de formation ou sur le compte de l'entreprise. Surtout si ce bilan a lieu sur l'initiative de l'employeur, nous vous suggérons de vous inspirer des modalités propres au bilan de compétences sur ces deux points :

- la possibilité de choisir votre prestataire : s'il est inconnu de l'entreprise, sa neutralité sera mieux assurée, sauf si vous connaissez bien celui que votre employeur vous propose et avez toute confiance en lui. Dix collaborateurs de notre plus ancien client ont décidé de faire leurs bilans avec nous, quelques autres ont préféré choisir un prestataire inconnu. Nous savions que le DRH respecterait lui-même la confidentialité et y veillerait scrupuleusement en interne.
- rédigez une convention tripartite en utilisant le verso de la convention « bilan de compétences financé dans le cadre du plan de formation » (voir en annexe), où sont précisés les objectifs poursuivis par l'employeur et les conditions de communication de la synthèse.

Dans ce cas, si vous ressentez ce bilan professionnel comme une menace, à vous de voir s'il n'est pas plus sage de vous y soumettre sans trop discuter… et de lancer au plus vite un bilan de compétences par la voie discrète.

Le déroulement du bilan

Les opérations vont maintenant se dérouler de façon similaire ou différente selon l'angle sous lequel on se place pour les observer.

De manière similaire, selon la voie d'accès au bilan

Le bilan se déroulera de manière similaire, que vous soyez entré dans le bilan par un OPACIF ou par le chéquier APEC/ ANPE (faites-vous le confirmer par le consultant du centre de bilan). En ce qui nous concerne, nous oublions complètement en cours de bilan par quelle voie administrative nous sommes entrés en relations. Cela ne nous empêche pas de garder très présente à l'esprit la situation particulière du demandeur d'emploi. Mais il n'est pas question pour nous de faire de différence dans le volume ou la qualité de notre intervention du fait du montant de la prise en charge financière.

Deux perturbations particulières peuvent cependant se produire dans le cas du demandeur d'emploi :

- la nécessité de revoir le curriculum vitæ presque d'entrée de jeu, afin d'optimiser la recherche d'emploi poursuivie parallèlement. Dans ce cas, il suffira de le reprendre à nouveau en fin de bilan ! Rédiger un CV et mettre en valeur une opportunité d'offre de collaboration de sorte que son destinataire – inconnu – se sente irrésistiblement enclin à accorder un entretien, est un exercice que l'on pourrait qualifier de gratifiant et intellectuellement stimulant s'il ne se situait pas dans un contexte souvent grave ou pénible pour le principal intéressé.
- la seconde difficulté est plus grave : gérer les offres d'emplois qui se présentent, notamment « *celle-ci, hyper attirante !* », avant la formalisation des projets. L'intéressé peut avoir du mal à conserver l'esprit libre et ouvert face à cette situation, même quand il n'est pas soumis au stress du chômage.

Nous sommes confrontés là à une question très générale : faut-il saisir ou non une opportunité, plonger ou attendre d'avoir fait le tour du problème pour décider ? Il est bien entendu impossible de répondre d'une manière tranchée. Peut-être le consultant, avec son esprit (qu'il croit) logique, a-t-il tendance à dire : « faites votre bilan en toute indépendance d'esprit, c'est la meilleure manière d'en tirer le maximum de profit », en pensant que cette offre d'emploi a relativement peu de chance de correspondre *a priori* au projet idéal encore inconnu.

Peut-être le conseiller en recherche d'emploi, dans une optique (qu'il croit) d'efficacité, sera-t-il enclin à répliquer : « Sautez sur la première offre ferme, ne la laissez pas passer ! » Nous-mêmes l'avons dit maintes fois à des chômeurs en cours de formation, « licenciés économiques » dans les années 80, époque bizarre où rebondir de formation en formation était le meilleur moyen de prolonger ses indemnités de chômage... et devenir professionnellement irrécupérable.

Illustrons ce choix difficile :

« Vous vous souvenez, cette annonce de 'biologiste expérimenté', eh bien figurez-vous que je suis convoquée !... (nous avions rédigé ensemble la lettre de candidature)*...l'entretien a lieu demain matin, peut-on se voir ce soir pour le préparer ? »*

Et pendant les trois semaines d'un processus de recrutement qui s'orientait favorablement, le bilan s'est poursuivi et achevé... avec un projet ressemblant furieusement à l'offre d'emploi en question ! Reconnaissons-le, nous ressentions les choses de la même façon, c'est-à-dire cette offre comme une opportunité parfaite en l'occurrence. Impression confirmée deux ans plus tard :

« C'est exactement ce que je pouvais espérer de mieux ! J'ai eu une chance incroyable. »

Dans un autre bilan, face à un cadre dirigeant que nous connaissions depuis vingt ans, momentanément sans emploi, nous avons pu lui dire : « Notre premier objectif sera de vous 'interdire'd'accepter les propositions que vous rencontrerez avant la fin du bilan ! » Nous en avons bien croisées quatre ou cinq, toutes passionnantes. Il n'a pas eu à regretter cette surprenante directivité, bien en ligne au fond avec sa prise de conscience qu'il avait toujours accepté d'emblée les missions qu'on lui proposait, jamais fait de véritables choix personnels.

Il peut arriver aussi que le bilan se termine l'esprit libre, conclu par une belle palette de projets avec des prises d'angles variées, mais :

« Il faut qu'on se voie d'urgence. Je suis en piste pour un job inespéré chez... Vous vous rendez compte ! Ca va se jouer serré. J'aimerais que

nous refassions la synthèse du bilan en mettant en premier et en valeur le deuxième projet et en supprimant les deux derniers ! »

Nous avons refait, mis en valeur et supprimé, en trois exemplaires, et l'affaire s'est réalisée à la plus grande satisfaction de tous.

De manières différentes selon le prestataire choisi

La procédure légale est claire : '***investigation, élaboration de projets, synthèse***', mais chaque cabinet a sa méthode, nous pourrions presque ajouter « chaque consultant ».

Les textes insistent bien sur l'importance de l'aspect personnel, intimement lié au plan professionnel, mais le degré d'approfondissement de la personnalité et les outils pour le faire sont propres à chaque prestataire. Certains cabinets de recrutement, habitués à évaluer les candidatures, de même que les *assessment centers,* spécialisés dans ce rôle, ont une culture plus ou moins centrée sur l'approche psychologique. Cela se retrouve bien sûr dans les méthodes. La pratique des tests ou celle de l'étude graphologique sont aussi bien écartées d'office qu'adoptées systématiquement.

Sur ces plans, nous préconisons la pluralité des approches. D'abord pour répondre à l'objectif assigné au bilan de compétences, on ne peut mieux défini par les textes qui le régissent. Aussi pour satisfaire les aspirations d'une personne qui peut désirer approfondir davantage sa personnalité ou déterminer une argumentation forte pour promouvoir son projet professionnel.

Diversifier, nous pouvons le faire au niveau :

- des intervenants, avec plusieurs consultants ;
- des méthodes, en alliant des méthodes plus rationnelles comme certains tests, ou plus qualitatives comme la graphologie… ou l'entretien ;
- du contexte, par des relations en entreprises permettant de proposer des contacts avec des responsables de terrain, adaptés aux différentes situations. Dans le vieux débat qui oppose les mérites relatifs de l'objectif et du subjectif, nous considérons que le moteur est toujours dans le subjectif et

pensons qu'il faut le réhabiliter, lui donner même la primauté. Avec ces deux précautions :

– croiser les approches : le dialogue entre plusieurs personnes de subjectivités différentes enrichit et pondère simultanément ;
– étayer les opinions subjectives par des faits concrets, sans se fermer les yeux sur les faits qui s'opposent entre eux, être toujours capable de dire le pourquoi de son opinion. Nous sommes tous des concentrés de subjectivité que nous nous efforçons de cacher sous une écorce se voulant d'objectivité.

N'oublions pas que le décideur à convaincre, par exemple un employeur, est fait du même bois : il adhérera à un ensemble projet/bagage de compétences/personne si :

– le projet est cohérent et crédible,
– les compétences sont présentes dans l'expérience professionnelle,
– la personne est sûre de son projet et apte à s'intégrer à une équipe en place.

Il y a une bonne part de subjectivité dans tout cela.

« L'écrit et l'oral ont chacun ses vertus : en s'exprimant verbalement, on explore, on fait appel à l'imagination, il y a une place pour le rêve, on ouvre et on approfondit en même temps. En s'obligeant à écrire, on synthétise, on trace un chemin dans le concret, l'essentiel et les priorités ressortent noir sur blanc, face aux réalités. Dans mon bilan, la méthode alternait ces deux approches, c'est ce qui me convenait. »

La clôture du bilan

Remise de la synthèse et commentaires

Le bilan se termine par la remise d'une synthèse et un échange entre le bénéficiaire et le consultant à propos de cette synthèse.

Que contient-elle ? officiellement : le projet professionnel et ses conditions de réalisation, notamment l'identification d'une formation appropriée.

Il nous semble que ce document important, qui sera éventuellement montré à des tiers, doit jouer un rôle de promoteur de projet et être construit dans cette perspective.

Il pourra donc contenir :

- dans quel contexte et pourquoi l'intéressé a décidé de faire son bilan et ce qu'il en attendait particulièrement ;
- le but général poursuivi sur le plan professionnel ;
- une description du ou des projets, assez précise pour être explicite, mais pas au point de s'enfermer dans un axe trop étroit ;
- les moyens nécessaires, en premier lieu la formation, en précisant la nature des apports attendus et les liens directs avec les projets ;
- la démarche à suivre pour mettre en œuvre le ou les projets retenus ;
- il nous paraît opportun d'y ajouter la mention des facteurs qui vont concourir à la réussite de ces projets, notamment les traits dominants de l'intéressé formant ses atouts majeurs de succès, éventuellement les points sur lesquels il aura à centrer ses efforts ou se montrer vigilant.

Il est clair que cette synthèse mérite un échange et des commentaires de part et d'autre, pour en affiner la rédaction dans les perspectives de promotion des projets et de stratégie de mise en œuvre. Il n'est pas forcément judicieux de mentionner cette stratégie dans un document susceptible d'être montré, surtout dans le cas où plusieurs projets coexistent et sont poursuivis simultanément. Mais il est d'autant plus nécessaire d'en parler.

Documents administratifs

Divers documents administratifs sont contractuellement établis :

- pour l'APEC/ANPE, la signature par le salarié du « chèque » attestant la remise de la synthèse et la signature

par le consultant du volet attestant du versement de 500 F par le salarié au prestataire ;
- pour l'OPACIF, la double signature de l'attestation de remise de la synthèse et de l'attestation des heures de présence en bilan de compétences.

Prolongations

L'expérience montre que le bilan tend à se prolonger au-delà des limites officielles de cinq semaines pour l'APEC/ANPE ou de deux mois pour le FONGECIF, fixés par ces organismes de financement. Une explication toute simple : la cadence d'une rencontre par semaine est généralement retenue comme assez pratique et laissant le temps de la réflexion d'un entretien à l'autre. On adopte souvent la formule de séances de travail de deux heures en moyenne qui permet de maintenir une bonne concentration. Huit ou neuf séances sont monnaie courante, une petite grippe s'intercale ainsi que les vacances de février, les trois mois sont vite passés !

Au-delà, le consultant appréciera si un prolongement du délai est nécessaire à l'établissement d'un vrai projet, dans l'hypothèse où des événements extérieurs auraient modifié sensiblement la situation ou si des difficultés d'ordre psychologique bloquent la progression.

Si ce n'est pas le cas, le consultant aura à faire aboutir le bilan, en précisant que l'on entre maintenant dans la phase de suivi et que le bénéficiaire ne sera pas abandonné.

Le suivi

Le bilan lui-même devrait donc se conclure avant d'entrer en phase d'accompagnement à la réalisation du projet. Mais cet accompagnement est une phase indispensable, tout au moins un contrôle de la bonne fin du projet si celui-ci a été autogéré par le bénéficiaire seul.

Tous les consultants ne proposent pas ce suivi. Il faut dire aussi que, même proposé, il n'a pas toujours lieu, du fait même des bénéficiaires des bilans.

Dans un premier temps, deux à trois mois après la conclusion du bilan, chaque bénéficiaire reçoit un questionnaire de satisfaction de l'APEC/ANPE, éventuellement aussi du prestataire. En moyenne sept sur dix répondent à ces questionnaires, avec un fort indice de satisfaction.

Mais, malgré l'incitation à reprendre contact que représentent ces questionnaires ou qui les accompagne en langage clair, beaucoup disparaissent dans la nature, changent d'adresse, ne donnent plus signe de vie. En cherchant bien, nous avons pu retrouver 85 % de « nos anciens bilans », parfois après quatre à six ans de silence.

Quand nous rencontrons l'un d'entre eux, par hasard ou après avoir persévéré, il est toujours très heureux de l'échange, mais il n'aurait pas fait le premier pas.

À l'opposé, certains suivis sont lourds ou très lourds, pour des raisons souvent liées autant au moral qu'à des difficultés opérationnelles dans la mise en œuvre des projets.

Entre ces extrêmes, ceux que nous pourrions considérer comme des suivis normaux, par exemple deux échanges téléphoniques et deux ou trois entretiens, ne forment qu'une petite majorité.

Les retours critiques

Les questionnaires de satisfaction font plaisir quand ils apportent de bonnes nouvelles ou sont effectivement des témoignages de satisfaction. Ils sont enrichissants aussi par leurs critiques. Celles-ci peuvent être classées en plusieurs familles.

Trop de part au rêve, trop de part au réalisme

Ces deux remarques contradictoires nous sont adressées chacune par des minorités, elles méritent cependant d'être prises en compte, du fait de la gravité du sujet. Pas question de réagir comme dans les « courriers des lecteurs » des magazines où l'on clôt les débats d'emblée et sans répondre en publiant deux lettres d'opinions contraires pour bien montrer qu'on ne mérite aucune critique.

Dans un bilan de compétences, faire une juste part au rêve et rester réaliste sont deux obligations fondamentales. Si des personnes sortent du bilan en manque de rêve et d'autres en défaut de réalisme, c'est un signe : quelque chose nous a échappé, écoute et compréhension n'ont pas été à la hauteur. Personne ne nous a demandé à la fois plus de place au rêve et plus au réalisme. C'est cependant cette voie qu'il nous semble le plus judicieux de creuser : favoriser davantage la recherche des potentialités, l'originalité et la créativité dans la mise à jour d'axes nouveaux, puis passer les projets au crible serré de la réalité du marché. Non pas en vue de dissuader d'emblée toute prise d'angle forte, mais pour aider à peser les risques, de sorte que chacun puisse s'engager selon le risque qu'il est prêt à prendre pour réaliser son choix idéal.

« *Il ne faut pas que les consultants communiquent un enthousiasme démesuré, déconnecté de la réalité.* »

« *Je me suis limitée de moi-même à une idée de projet relativement sage que j'avais d'ailleurs, je n'ai pas osé envisager d'autres projets plus fous, alors que j'y étais prête.* »

« *Ce que je suis aujourd'hui reste en rapport invisible avec ce que j'étais il y a deux ans au moment du bilan. Il ne m'a pas enlevé ma part de rêve, il en a placé la maturation dans le temps. Si la réalité n'est pas idéale, le rêve n'est pas mort, c'est lui qui l'emportera à terme.* »

Des synthèses « collectives »

Les deux consultants qui interviennent dans le bilan ont chacun leur domaine : l'un plus centré sur la partie professionnelle, l'autre sur la partie personnelle.

La fin du bilan, la remise de la synthèse, l'échange, le « bilan du bilan », ont lieu normalement avec le consultant qui a été le plus concerné dans son déroulement, le plus engagé dans sa conclusion. S'il n'y a pas de dominance, avec le consultant le plus disponible. Plusieurs bénéficiaires ont regretté qu'une synthèse à trois n'ait pas eu lieu, ou ont exprimé le désir de la provoquer.

« Je tenais à cette synthèse à trois. En fait, je n'ai rien dit de plus ou de différent qu'à l'occasion de la synthèse à deux, mais je voulais vous en parler ensemble et avoir vos réactions à chacun sur les mêmes sujets. »

« J'aurais aimé avoir plusieurs occasions d'échanges à trois. »

Ce choix peut être fondé, entre autres, sur la différence des approches et des sensibilités de chaque consultant, surtout s'ils sont loin d'avoir toujours le même avis. L'échange à trois apporte plus de relief : sommets et profondeurs. Entre autres, par exemple, le simple désir de faire aux deux consultants le même retour dans des termes identiques, même s'il n'y a pas de réponse attendue.

Depuis, nous proposons toujours cette synthèse à trois, sans non plus l'imposer, certains pouvant préférer conclure avec un seul consultant dont le style leur convient mieux, ou faire deux conclusions, avec chaque consultant individuellement. Certains nouent avec chaque consultant des relations personnelles différentes au point de ne communiquer telle ou telle information qu'à l'un des deux et de trouver normal qu'il les considère comme confidentielles, ou du moins que l'autre consultant n'y fasse jamais référence.

Une prise en mains plus directive

Nous l'avons dit déjà en d'autres termes, pour nous la non-directivité n'est pas un refus d'engagement, mais une forme supérieure d'engagement. Supérieure, car elle développe l'autonomie du bénéficiaire, c'est le plus grand profit qu'il pourra retirer de son bilan. Il serait plus simple d'affirmer catégoriquement ce dont on est sûr que d'en laisser prendre conscience par l'intéressé. Et l'engagement quantitatif du consultant en temps consacré serait moins lourd.

Mais cette philosophie n'est pas toujours partagée d'emblée :

« J'aurais bien aimé que vous preniez en mains mon bilan d'une manière plus directive, plus carrée »

« Cette approche structurée était rassurante, j'avais besoin d'un support. Elle aurait même pu être plus directive pour démarrer. »

« Il m'a manqué quelque chose globalement, je suis restée sur ma faim, par rapport aux conclusions. Résultats des tests pas assez précis. En fait j'avais besoin d'avoir une prise en main plus dirigiste, plus contraignante, d'être plus cadrée. »

Ces quelques retours n'ébranlent pas notre conviction de fond quant à la valeur de la non-directivité.

« Le démarrage a été un peu flou. J'avais besoin de repères, d'un cadre défini...parce que j'adore sortir du cadre ! Je trouvais qu'on n'entrait pas assez vite dans le vif du sujet. Mais au final, c'était très enrichissant. »

Peut-être faudrait-il instituer un « mini bilan sur le bilan en cours de bilan » et être prêts à insuffler de la tonicité à des moments opportuns.

Une plus grande franchise

À différentes reprises, dans ce livre, nous avons eu l'occasion de rappeler que la plupart des personnes se sous-estiment. Aussi insistons-nous toujours sur la valorisation du positif, ce qui apporte à beaucoup un puissant réconfort.

« Personnellement, le bilan m'a ouvert les yeux, remonté le moral, donné confiance en moi dans un moment difficile et resserré les liens familiaux. »

« Ce bilan m'a donné un coup de fouet, le courage de supporter l'insupportable. Je n'allais pas bien, j'ai été regonflée. Maintenant je vois les choses avec une certaine philosophie. J'ai loupé ma vocation, mais à quarante-deux ans, ma vie professionnelle n'est pas finie. Et je n'aurai plus peur de partir ! »

« Le bilan m'a aidée car j'avais perdu confiance en moi. Il m'a requinquée, revalorisée, donné plus d'assurance, envie de repartir. Il fau-

drait que je reprenne mon bilan de compétences si des doutes surgissent et si je risque de reperdre pied. »

« Les consultants ont vite vu pourquoi j'ai eu des postes inférieurs à mes compétences réelles. Ils m'ont revalorisée. »

« Ce bilan m'a conforté dans mon idée de quitter cet emploi et donné du tonus, de la pêche. La grapho apporte une ouverture psychologique. Je me cerne mieux personnellement. J'ai trouvé un fil conducteur, clarifié ma situation, recollé les morceaux. Pendant le bilan, on éprouve une appréhension, on ne sait pas si on parviendra à rassembler la mosaïque. »

« Je suis arrivé avec quelques petites idées, je ressors avec plein de grandes idées et un élan pour les réaliser. Le bilan de compétences est une porte qui s'ouvre, une nouvelle alternative. J'ai trouvé un dialogue, de la convivialité, un climat de confiance ! Je me sens mieux à tous points de vue : dans mon travail, avec mon chef, dans ma tête, et j'ai la pêche ! »

Ces nombreuses personnes qui nous ont fait part du regain de dynamisme apporté par le bilan ne nous font pas oublier les deux ou trois que notre optimisme a déconcertées.

« Pendant le bilan, on est porté par l'assurance et le soutien des consultants. Ensuite, on se retrouve seul, face à des difficultés, qu'on se sent incapable de surmonter. On perd courage ou confiance, on n'ose même pas reprendre contact avec eux. »

Plusieurs autres, parfois de façon vive, nous ont en effet renvoyé que nous étions trop positifs, avec un défaut de franchise sur les points faibles, au risque de limiter leur possibilité de comprendre et de progresser.

« Les conclusions sont trop optimistes, pas assez critiques. Il faut confronter la personne et ses projets à ses propres réalités et contraintes. »

« Trop de prudence, pas assez de prise de risque, quitte à heurter les sensibilités. »

« En fin de bilan, j'étais un peu déçu : pas assez décoiffant ! J'espérais un renvoi plus incisif, des critiques m'obligeant à fouiller davantage. »

« J'ai trouvé les conclusions du bilan trop optimistes et flatteuses. »

Nous ne cherchons pas à masquer l'insuffisance d'une compétence face à un projet, qui pourra être compensée par une formation ad hoc, ni à éluder un trait de caractère risquant de mettre en difficulté notre interlocuteur dans telle ou telle situation. À notre avis, cela suffit pour le mettre en mesure de juger s'il est prêt à l'effort de formation et si sa motivation est assez forte pour dépasser les difficultés.

À propos de motivation : bilan professionnel d'un technicien de trente ans, dessinateur de produits industriels dans un bureau d'études, pour examiner l'opportunité d'évoluer vers un poste de technico-commercial dans son entreprise. C'est-à-dire vers une fonction commerciale pour vendre les produits qu'il connaissait et former les vendeurs des clients grossistes. Nous concluons que son profil n'est pas du tout commercial et que le succès dans cette voie ne pourra résulter que de la force de sa motivation :

« De toute façon, quoi que vous disiez, je ferai du commercial, même si je dois quitter l'entreprise ! ».

L'employeur prend le risque. Quinze ans après, nous pouvons dire qu'il a eu une réussite satisfaisante dans cette voie et que la diminution actuelle de ses performances est seulement la conséquence d'un essoufflement de sa motivation.

Pour en revenir au retour sur le bilan, nous écrivons dans nos conclusions pourquoi le projet réussira, en rappelant les facteurs majeurs de succès, compétences clés et traits de personnalité, et nous précisons les conditions additionnelles de succès, formation d'un côté, vigilance personnelle et conditions d'environnement de l'autre.

Si nous croyons à ce point à la probabilité de réussite du projet et le disons clairement, c'est à la suite d'un (ou plusieurs) échanges qui ont éventuellement conduit l'intéressé à modérer son ambition et définir le cas échéant un projet plus réaliste. Dans l'hypothèse où, malgré ces échanges, quelqu'un maintiendrait un projet nous paraissant irréaliste, même seulement « peu réaliste » – précisons que cela n'est jamais arrivé –, nous insisterions dans la conclusion sur des conditions de succès appropriées en les présentant comme des préalables indispensables.

Mais, approchant de la fin de ce livre, nous voudrions vous faire maintenant une confidence importante. Après avoir rencontré en trente ans de métier de consultants, des milliers de collaborateurs de tous niveaux hiérarchiques dans près de deux cents entreprises très diversifiées, nous avons présente à l'esprit une vision globale des niveaux moyens de qualités professionnelles de personnes occupant toutes sortes de fonctions.

Avec au début une certaine surprise (maintenant nous sommes habitués !), nous pouvons dire aujourd'hui sans la moindre hésitation que les personnes rencontrées en bilans de compétences se situent :

- souvent au-dessus du niveau des fonctions qu'elles occupaient, ce qui serait déjà une raison suffisante pour elles de s'intéresser au bilan,
- presque toujours au-dessus du niveau moyen des personnes en postes dans des fonctions similaires aux leurs,
- avec en plus, dans bien des cas, d'importantes potentialités de progression.

En l'exprimant, parfois seulement verbalement, nous faisons peut-être souffrir les modesties, nous ne manquons certainement pas de franchise !

Qu'en conclure ?

- Les personnes attirées par le bilan de compétences sont les meilleures ?

  Certainement.

- L'on devient meilleur dès qu'on se laisse gagner par la motivation à faire son bilan ?

Affirmation peut-être un peu audacieuse… mais pourquoi pas… s'engager dans une démarche aussi importante va de pair avec une forte aspiration au progrès.

- L'on s'améliore en faisant son bilan ?

Pour nous cela ne fait aucun doute : ne serait-ce qu'en étant mieux en état d'exploiter ses atouts.

Chapitre 13
Étapes et outils de travail

Comment progresse le travail effectué lors d'un bilan de compétences ? Nous verrons dans ce chapitre les différents supports et outils de travail qui vont vous accompagner tout au long de cette entreprise et jalonner votre étude.

Rechercher le fil conducteur

Vos attentes ou le cahier des charges initial

Commençons le bilan en approfondissant les motivations à le faire, ce que le bénéficiaire en escompte : ses attentes quant à la démarche proprement dite du bilan, professionnellement et personnellement, et quant à ses retombées concrètes. Ce cahier des charges, à reprendre en fin de bilan, permettra d'en apprécier les résultats, parfois de constater que les attentes ont évolué en cours de bilan.

Porter un autre regard sur le curriculum vitae

Ensuite, nous proposons une approche différente du curriculum vitæ, vu à haute altitude :

– rappeler la formation initiale, les formations ultérieures ;

- nommer les fonctions successivement occupées, sans se préoccuper des contextes d'entreprises ni des résultats obtenus.
- pointer les carrefours significatifs, les moments clés où il s'est produit un événement professionnel majeur, ou un fait personnel important ayant eu des répercussions sensibles sur la vie professionnelle.

Il s'agit d'une vision globale de l'ensemble de la carrière jusqu'ici. Tout le bilan se déroulera en alternant ainsi des moments d'analyse et des moments de synthèse.

Dégager les lignes de force

Peut se placer ici une recherche des constantes qui ont soustendu l'activité professionnelle depuis l'origine, les données de fond, que l'on peut dégager des répétitions de situations, des similitudes dans les réactions, des sentiments et ressentiments éprouvés.

En synthèse, nous chercherons à en retirer le fil conducteur, expression de tendances de fond ou d'un mouvement, d'une histoire. Une histoire qui se répète, qui bouge, une spirale ou une orbite, selon que la répétition prend ou non le pas sur le mouvement.

Travail très utile pour la suite, mais difficile, investigation à faire souvent à deux, pouvant n'aboutir qu'un peu plus tard, après maturation. Ce fil conducteur, si l'on parvient à le révéler, peut être riche d'enseignements, non pas tant dans la perspective d'en rechercher le prolongement direct dans le prochain projet professionnel, plutôt en vue de faciliter des prises de conscience au niveau des phénomènes de répétition ou du cheminement fondamental, qu'ils soient volontaires ou subis.

La répétition : *« Mon éviction du Groupe X… me semble liée à la crainte que j'ai pu inspirer au DG, il a cru que son Directeur Administratif voulait prendre le pouvoir. Exactement comme chez Y.… Chez Z…, je m'étais tellement impliqué pour prendre à bras le corps tous les problèmes que j'ai dû faire peur au Comité de Direction. Si je remonte plus loin, quand je m'activais pour l'École en tant que Président des Anciens, on m'a dit que le fondateur de l'école croyait que je voulais prendre sa place !* »

Une constante : « *Au fond, je réalise que je me suis toujours trouvée dans des postes nouveaux, en création. Est-ce par hasard ? En tout cas, c'est une situation qui m'a toujours plu...* »

Un cheminement : « *Je ne me l'étais jamais formulé clairement, mais mon objectif professionnel a toujours été de devenir Assistante de Direction. Partant de très bas, j'y suis maintenant parvenue : assistante du PDG. Je devrais être contente. Pourtant... je ne sais pas quoi penser. Je me trouve comme en panne de but à atteindre...* »

Analyser le parcours professionnel

Les modes d'analyse

Les modes d'analyse diffèrent selon l'élément ou l'aspect mis en examen : il peut s'agir de mémorisation, classement, réflexion, imagination, voire enquête auprès de tiers. Selon le sujet on cherchera à être exact, exhaustif, nuancé ou créatif, libéré de toute opinion préconçue.

Les thèmes d'analyse

Chaque poste, au moins chaque fonction occupée, mérite une analyse séparée. Voici une liste de thèmes possible pour réaliser une telle analyse.

1. Principales responsabilités assumées.
2. Liste des tâches accomplies, pourquoi certaines apparaissaient difficiles (à l'époque).

   Les responsabilités ont un caractère permanent et global, couvrant même les tâches déléguées. Les tâches c'est ce à quoi l'on consacre du temps.

   « *C'est un peu du pareil au même : la différence entre tâches et responsabilités n'est pas évidente !* »

Eh bien disons que les responsabilités empêchent de dormir la nuit et les tâches maintiennent éveillé dans la journée...

3. Missions particulières assumées hors des attributions normales du poste (remplacements, actions ponctuelles, rôle qualitatif à jouer, prises d'initiatives importantes...).
4. Répartition moyenne du temps :
   - selon la relation à la tâche : communication verbale, lecture, réflexion, écriture, conduite d'un appareil ou d'une machine... ;
   - selon la relation aux autres : travail seul, en entretiens ou binômes, en petits groupes (3 à 8), en réunions (9 à 20), en conférences/congrès...
   - selon la nature des tâches : technique/production, marketing/commercial, administration/gestion, animation/formation.
5. Ouverture du champ de relations : en relations permanentes, fréquentes, moyennes ou rares avec :
   - personne, travail isolé ;
   - collègues de l'équipe ;
   - autres services sur le même site ;
   - autres sites : siège, usines, filiales ;
   - fournisseurs ;
   - clients ;
   - organismes de tutelle ;
   - autres groupes typiques d'interlocuteurs...
6. Profondeur de l'engagement dans les relations (à croiser avec la question précédente) :
   - simple voisinage ;
   - recueil ou transmission simple d'informations ou documents sans traitement ;
   - réception/diffusion d'informations après sélection, interprétation, traitement... ;
   - échanges en vue de former, résoudre un problème, influencer une décision... ;
   - interventions qui engagent l'entreprise, négociation de contrats...

7. Modes de relations avec les autorités hiérarchiques ou fonctionnelles : contenu, forme (écrite, orale...), fréquence (degré d'autonomie)...
8. Modes de relations avec les collaborateurs, sur les mêmes plans.
9. Exemples d'erreurs involontaires pouvant causer des dommages à l'entreprise, facteurs de risque du poste.
10. Durée maximale d'absence du poste sans perturber notablement le fonctionnement de l'entreprise.
11. Contraintes particulières : temps, espace, lumière, bruit, intempéries... conséquences physiques (efforts...), morales (stress...).
12. Facteurs particuliers qui caractérisent ce poste par différence avec d'autres portant le même titre (surtout s'il est très général : chef de secteur, technico-commercial, adjoint à..., chargé de mission, etc.).

Consolidation

L'on peut ensuite reprendre les tâches accomplies dans tous les postes ou fonctions successivement occupés, les rassembler et regrouper en activités ou groupes de tâches liées entre elles et formant des ensembles cohérents.

Identifier les compétences

Activités et compétences

En exerçant une activité, on a obligatoirement mis en œuvre ou acquis une compétence, une certaine compétence, ne serait-ce que par le fait d'avoir assuré une production, un service, à la limite un rôle pouvant se limiter à une simple présence.

Pour faciliter l'inventaire, puis l'analyse des compétences, commençons par classer les activités en quatre grandes familles :

- Technique/production : recherche, fabrication, études techniques, essais, méthodes…
- Marketing/commercial : études de marchés, promotion, merchandising, négociations, achats, vente, prospection…
- Administration/gestion : secrétariat, administration du personnel, gestion de matériels ou pièces, logistique, contrôle de gestion, juridique, comptabilité…
- Animation/formation : communication, relations avec le personnel, direction d'équipes, coordination, animation de réunions, formation, conseil…

Cette typologie convient assez bien à la plupart des secteurs professionnels, sauf certains domaines artistiques, culturels ou en relation directe avec la nature, les animaux…

Théorie et pratique

Une analyse intéressante consiste, face à chaque activité, à évaluer séparément :

- le niveau de formation reçue, initiale ou continue,
- le niveau de pratique acquise sur le terrain.

De bonnes bases en formation théorique sur un sujet, non mises en pratique depuis, sont peut-être obsolètes aujourd'hui, mais sans doute susceptibles d'être réactivées et mises à jour assez facilement.

Une longue pratique a pu donner une aisance, un savoir-faire certain mais, sans formation théorique, l'accès direct à un niveau supérieur dans cette activité n'est pas possible, par défaut de bases.

Sans donner de notations précises, on parvient toujours à estimer la valeur des acquis sur chacun de ces deux plans, formation et pratique.

Par exemple en les classant en nul/faible/moyen/bon, le « nul » signifiant l'absence de toute formation ou de toute pratique.

Hautes compétences

Dans le cas de compétences supérieures au bon niveau mentionné ci-dessus, il nous semble justifié de se pencher de plus près sur leur évaluation, surtout quand l'ensemble « formation + expérience » est de bon niveau.

Deux degrés supérieurs peuvent être mis en évidence (cf. chapitre 5) :

- la maîtrise : il s'agit de la connaissance élargie (en largeur) d'une discipline permettant de la pratiquer en autonomie avec un haut niveau de qualité, la capacité de former un remplaçant et de le superviser en accédant éventuellement à l'exercice d'autres activités ;
- l'expertise : témoigne d'un niveau de connaissance approfondie (en profondeur), d'une capacité éprouvée de faire progresser cette discipline, sur le plan de la recherche ou des méthodes, et d'apporter une plus-value professionnelle à des groupes de personnes ayant la maîtrise de cette discipline.

Maîtrise et expertise dans un petit nombre d'activités précises — pas trente-six ! —, pourront former de solides points d'appui à des projets orientés vers l'exploitation ou la transmission de connaissances.

Seules ces hautes compétences peuvent jouer un tel rôle, elles méritent donc à ce titre d'être analysées et mises en valeur avec une attention particulière.

Les autres compétences méritent d'être identifiées et signalées, elles sont des atouts supplémentaires pour obtenir un rendez-vous, leur évaluation précise est moins nécessaire.

On peut considérer les hautes compétences comme des critères absolus de sélection, les autres comme des critères relatifs.

"Qualifier" le parcours professionnel

Quelles qualités ont été mises en œuvre

Chaque activité a donc été conduite en s'appuyant sur des connaissances théoriques et avec une certaine pratique. Le savoir et le savoir-faire, selon l'expression consacrée. À laquelle on ajoute traditionnellement un troisième pôle : le savoir-être. Autrement dit, l'ensemble des qualités nécessaires à la bonne exécution des tâches considérées. Des qualités intellectuelles, morales, comportementales comme la mémoire, le sens des responsabilités, l'aptitude à travailler en équipe.

Lorsqu'une qualité est spécialement utile pour réussir correctement une tâche, le fait d'exercer cette activité durablement mobilise, puis développe avec le temps cette qualité chez l'individu.

Après avoir fait l'inventaire des activités exercées et des compétences correspondantes, il est intéressant de rechercher, activité par activité, quelles qualités ont été prioritairement nécessaires, donc mises à contribution et développées en pratiquant cette activité. Les qualités qui vont ressortir le plus souvent dans cette énumération ont probablement profité d'un développement privilégié.

Où se trouvent les centres d'intérêt dominants

Si une corde a vibré un jour chez quelqu'un, elle reste susceptible de vibrer à nouveau dans une situation présentant des analogies avec la précédente. Tel est le sens de l'exercice consistant à classer à nouveau les activités répertoriées, cette fois sous l'angle de l'intérêt qu'elles ont suscité à l'époque : majeur, certain, moyen, faible ou rejet.

Cette manœuvre n'a pas pour but de retenir systématiquement les mêmes activités dans les projets futurs, mais de rechercher par le dialogue quels aspects de ces tâches ont été, à l'époque où elles ont été pratiquées, spécialement attractifs ou rebutants. Ces sentiments ont pu être reliés directement au contenu ou à la nature des tâches, ou tout à fait indirectement :

« Nous pratiquions cette activité à l'extérieur, c'était un rayon de soleil dans le gris du quotidien, même sous la pluie ! »

« Je faisais équipe avec un responsable qui me considérait comme un collègue, dans le contexte de cette boîte c'était extraordinaire… »

« Je ne pouvais pas encaisser ces essais parce que le responsable à qui je devais en rendre compte passait son temps à récriminer. Jamais content. »

Il est tout aussi instructif de noter les refus que les intérêts majeurs (même si ces derniers sont toujours plus nombreux), tant les raisons indirectes que directes. Tout servira.

Des succès et des échecs significatifs

Nous avons tous connu des sentiments de fierté ou de honte à l'occasion d'événements professionnels, d'avoir réussi quelque chose de spécialement difficile ou de ne s'être pas montré à la hauteur. Il peut très bien arriver que le plus minuscule des incidents reste gravé dans notre mémoire aussi profondément qu'un grand succès.

« J'avais tout simplement oublié ce rendez-vous ! Après vingt ans, je m'en souviens comme d'hier ».

« Je me demande comment j'ai pu réussir ce chantier. Personne n'y croyait. Je ne me suis pas posé de questions, j'ai donné le maximum et j'y suis arrivée. Je n'ai reçu aucune prime pour autant, mais quel plaisir ! »

Ces événements ont suscité des sentiments forts et authentiques, en fonction de ce que l'on a réussi ou manqué personnellement. Ce qui a fortement marqué est toujours significatif.

« Cette cliente, vitale pour nous, était considérée comme insupportable, intraitable, impossible. Plus personne ne voulait avoir de relations avec elle. J'ai réussi à l'apprivoiser, sans céder sur nos conditions commerciales. Pourtant je n'ai rien fait d'extraordinaire. Mais j'en étais quand même très fière ! »

Le poids des facteurs extérieurs

Les facteurs, non plus personnels mais extérieurs, ayant facilité ou gêné la réussite, sont également des sources d'informations exploitables :

« Mon patron me faisait une confiance totale. Deux fois j'ai fait des erreurs, il ne m'en a pas tenu rigueur. Dans l'ensemble, j'ai souvent eu à me débrouiller seul et j'ai progressé trois fois plus vite. »

« On avait toujours les statistiques le 5 du mois, je pouvais faire mon travail correctement, je n'ai plus jamais retrouvé ça ailleurs. »

« Dans cette société, il n'était pas question de formation, même quand j'ai eu ces nouvelles fonctions. J'ai pataugé pendant six mois, personne n'avait l'air de s'en soucier. »

« Au fond, j'ai démissionné aussi parce que je ne pouvais plus supporter le bureau sans fenêtres et l'éclairage néon ! »

Il s'agit ici d'une organisation d'entreprise, là du comportement d'un responsable hiérarchique, d'un style de relations ou d'un environnement de travail. Comme sur les thèmes précédents, l'échange permettra de resituer ces facteurs dans leurs contextes, comprendre pourquoi ils étaient à ce point sources de satisfactions ou de freins et en tirer les interprétations utiles au moment de définir des projets.

Hiérarchiser les éléments professionnels majeurs

L'analyse du parcours professionnel a représenté un travail important, il convient d'en dégager l'essentiel avant de changer de domaine d'investigation. Comme pour les sujets précédents, l'outil de travail est des plus simples : de simples guides de réflexion.

Quelle hiérarchisation opérer dans tout ce contenu professionnel pour en retenir ce qui est le plus important dans la perspective d'élaborer bientôt un projet professionnel ?

Vont ressortir sur cette feuille de synthèse quelques compétences ou activités, des situations, des ambiances, des modes de relations, des notions globales comme la confiance ou plus matérielles comme le manque de ventilation des bureaux.

Étudier la personnalité

Une auto-analyse guidée

L'auto-analyse est un exercice plus difficile qu'il n'y paraît. Chacun se connaît assez bien, mais être guidé dans cette démarche n'est pas inutile.

C'est le rôle de l'outil.

Guider, sans influencer, éviter les fausses pistes, mais sans gêner la réflexion.

Il s'agit de faire apparaître comment l'intéressé se perçoit. Par « fausses pistes », nous entendons les interférences possibles : ce que la personne souhaiterait être, ce qu'elle croit bon et dont elle voudrait donner l'image, ce que d'autres lui ont déjà renvoyé comme image etc.

L'outil se présente sous la forme des trois domaines classiques d'approche de la personnalité :

- forme de l'intelligence,
- traits de caractère,
- comportements professionnels.

chacun comportant vingt à trente qualificatifs. Ces listes ne sont pas limitatives, seulement indicatives, et à compléter par toute notion appropriée.

Le mode d'utilisation de ce canevas de réflexion pour aider l'auto-analyse doit être à la fois bref et précis, par exemple :

« Parmi ces listes non limitatives de facteurs de personnalité, choisissez ceux dont la présence, l'absence ou la forme vous semblent caractériser typiquement votre propre personnalité. Ajoutez tout commentaire utile pour nuancer si nécessaire, ou tout autre trait représentatif.

Il ne s'agit pas de prendre position par rapport à tous les critères évoqués, mais de sélectionner les plus significatifs à vos yeux. »

Forme d'esprit

* capacités d'analyse
* capacités de synthèse
* réflexion
* réalisme
* sens concret
* pensée logique
* capacités d'abstraction
* rapidité du jugement
* sûreté du jugement
* jugement fondé sur les faits
* ouverture aux idées des autres
* suite dans les idées
* facilité d'expression orale
* facilité d'expression écrite
* capacité générale de mémoire
* mémoire auditive
* mémoire visuelle
* aptitude aux chiffres
* aptitude aux problèmes techniques
* capacités d'assimilation
* aptitude à l'innovation
* curiosité d'esprit
* sens critique
* sens esthétique
* imagination
* créativité
* intuition
* sens de l'observation

Traits de caractère

* qualités de contact
* qualités d'écoute
* sensibilité
* susceptibilité
* émotivité
* sensibilité à l'opinion des autres
* vulnérabilité aux agressions extérieures
* réactions immédiates aux événements
* réactions différées aux événements
* souplesse
* capacité naturelle d'adaptation
* autonomie
* aisance dans les situations imprévues
* goût pour le changement
* capacité de se mettre en valeur
* persévérance, ténacité
* régularité dans l'humeur
* autorité naturelle
* autorité de compétence
* goût pour exercer une autorité
* pugnacité
* accepte facilement les contraintes
* se fixe soi-même règles et limites
* accepte facilement l'autorité
* diplomatie, habileté
* capacité de défendre ses intérêts
* reconnaît spontanément ses erreurs
* franchise

Comportements professionnels

* forte capacité de travail
* aptitude à gérer des problèmes variés
* capacité de traiter plusieurs problèmes simultanément
* capacité d'organisation de son propre travail
* aptitude à organiser le travail des autres
* vues à court terme
* vues à long terme
* capacités d'initiatives
* sensibilité au cadre et à l'environnement de travail
* régularité du rythme de travail
* rigueur
* préfère le moment où l'on commence une mission
* préfère le moment où l'on achève une mission
* respecte les délais
* fait siens les objectifs de son entreprise
* sens du détail, minutie
* improvise selon chaque situation
* préfère appliquer une méthode
* aime approfondir chaque question en y consacrant du temps
* dynamisme personnel
* goût pour animer et entraîner
* esprit de délégation
* esprit de décision
* rapidité du rythme de travail
* aptitude et goût à travailler seul
* aptitude et goût à œuvrer en groupe
* sens de l'équipe
* prudence
* capacité d'entreprendre

Comme toujours, les apports les plus intéressants de cette démarche ne sont pas la précision dans la mesure où la certitude dans le diagnostic – où sont les certitudes dans ce domaine ! –, mais l'effort de réflexion et de hiérarchisation de l'intéressé, puis le dialogue qui s'instaure à propos des points évoqués.

Étude graphologique et découverte de soi

Il n'y a pas d'outil spécifique pour ce travail, hormis peut-être une loupe — dont un graphologue myope n'a même pas besoin ! — La personne intéressée fournira une lettre mise en page comme à son habitude et signée, écrite au stylo à plume ou à bille ; le contenu du texte est sans importance et un volume d'une page est suffisant. Ajouter quelques brouillons est toujours utile, ils sont souvent plus parlants qu'une lettre dont l'écriture a été un peu trop soignée.

L'individu sans idées préconçues qui dialogue avec un graphologue est toujours étonné de voir à quel point son écriture révèle sa propre personnalité. Il sera peut-être heurté par certaines conclusions. Elles concernent des sujets dont l'approfondissement fera toujours progresser. Le graphologue aura pu faire une petite erreur d'interprétation, l'intéressé pourra ne pas se reconnaître comme tel sur un point particulier, surtout quand il s'est forgé un personnage social différent de son personnage intérieur vrai.

Sur un simple plan utilitaire, savoir ce qu'une étude graphologique révèle est toujours utile à quelqu'un qui va rechercher un emploi, cette méthode étant couramment pratiquée dans les processus de sélection. Discrètement et de loin.

Au-delà de l'étude graphologique proprement dite, nous trouvons là un des apports les plus caractéristiques du bilan de compétences sur le plan personnel : une aide à la découverte de sa personne intime et vraie, masquée par le personnage que l'on a été amené à jouer, par nécessité le plus souvent, peut-être depuis longtemps. L'idéal, après bilan, serait de pouvoir mettre sa nouvelle vie professionnelle en harmonie avec sa vraie personnalité. C'est parfois possible. Décision à prendre avec le réalisme nécessaire.

« Ce bilan m'a fait réfléchir sur des thèmes sur lesquels je n'avais jamais cherché le pourquoi ou le comment. Professionnellement, je n'ai pas changé de boulot, mes contraintes horaires pour ma fille sont trop lourdes, mais j'ai vraiment compris que j'étais faite pour être un 'bras droit' et je peux jouer réellement ce rôle dans mon travail. Personnellement, je me suis renforcée, j'en suis sortie revigorée. Mon but était de savoir ce que j'étais, et je l'ai trouvé ! »

Découvrir qui on est vraiment, se voir confirmer ce que l'on ressent, surtout lorsque cela n'est pas reconnu dans l'entourage, apporte toujours une profonde satisfaction.

« Le bilan m'a confortée dans le fait que j'étais bien dans mon métier. La grapho met en évidence des qualités qu'on ne se reconnaissait pas. Le bilan permet de regarder ce qu'il y a de bien en soi. Notre éducation nous dit 'corrige tes défauts', et vous 'regarde et emploie tes qualités'!

Retrouver un emploi était un enjeu grave pour moi, après une si longue 'captivité' dans le même environnement. Ce bilan m'a aidée à le vivre de façon légère. J'ai trouvé le poste qui correspond vraiment à mon désir et à mes compétences, je me suis présentée en ayant appris à mettre mes qualités en valeur.

Après quatre ans, je garde toute la confiance en moi que j'ai trouvée dans le bilan. J'ai pu prendre appui sur cette sécurité intérieure pour aller plus loin professionnellement, faire grandir mon poste.

Je peux maintenant aider les autres à dépasser leurs propres barrières, les guider, les former. J'ai laissé tomber la façade, je suis dans la plénitude de mon boulot et de ma vie ! »

Des tests pour aider à confirmer ou découvrir ses potentialités

Nous avons insisté par ailleurs sur l'intérêt relatif des tests dans les procédures de recrutement. En bilan de compétences, la situation est toute différente : l'intéressé pilote le bolide, le consultant est navigateur, pas examinateur. C'est pourquoi nous préconisons de laisser une grande liberté de choix à la personne en bilan, après lui avoir présenté les tests à disposition et ce que chacun mesure.

Les tests perdent ainsi leur connotation d'épreuves, pour devenir des jeux. L'enjeu est de mieux se connaître. Si le résultat est un peu faussé, du fait de ce climat de détente, s'il en est de même quand le demandeur d'emploi tombera sur les mêmes tests en processus de sélection, c'est sans importance.

En bilan de compétences, n'hésitons pas à jouer de toute la palette des tests classiques de forme de l'intelligence, n'oublions pas que la recherche des potentialités est un des objectifs majeurs du bilan, même s'il est assez difficile à gérer. Les tests peuvent y aider, même s'il ne faut pas en attendre de révélations extraordinaires. Mais surtout, ils peuvent faire apparaître, notamment chez des personnes qui ne savent pas bien se mettre en valeur en entretien, des dispositions intellectuelles très supérieures à leur classement professionnel ainsi qu'une aptitude à reprendre des études au plus haut niveau.

« *J'ai bien apprécié les tests pour me situer, confirmer des impressions. J'ai constaté que j'étais toujours 'dans le coup'!* »

« *Les tests m'ont surtout aidé à comprendre mon mode d'approche et de traitement des problèmes.* »

« Les tests m'ont aidée : non par leurs résultats, mais le seul fait de les passer permet d'être moins stressée quand il faut les subir en recherche d'emploi. »

Quelques exemples de tests courants

Les tests sont destinés à évaluer le niveau de l'intelligence, mais surtout ses formes : logique, précision, mémoire, attention, sens concret, esprit de synthèse, compréhension ... ainsi que certaines connaissances générales : orthographe, calcul ...

On utilise des chiffres, des lettres et leurs assemblages (nombres, mots/phrases), ainsi que des dessins, les cartes à jouer et les dominos n'étant que des images de nombres.
Le test va mettre en jeu des suite ou des séries, des « intrus » à exclure ou à choisir, ou constituer en quelques exercices.

Exemples de suites ou des séries

1 3 5 ? : évidemment **7,** (progression arithmétique)

2 6 18 ? : **54** (progression géométrique)

2 16 8 13 32 10 ? : **128** (progressions géométrique montante et arithmétique descendante alternées)

321 250 512 45 18 ? : **181** (le total des chiffres de chaque nombre progresse d'un point)

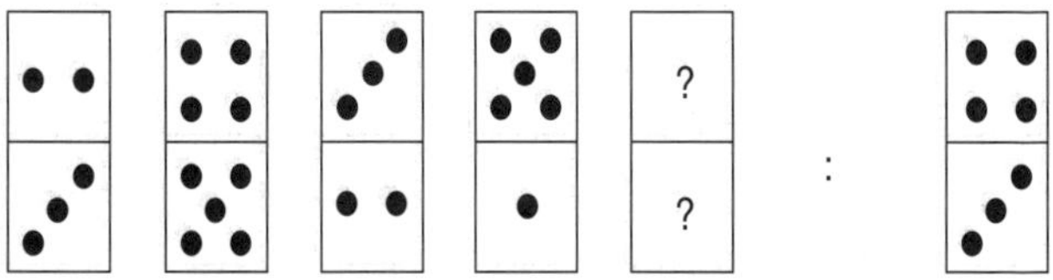

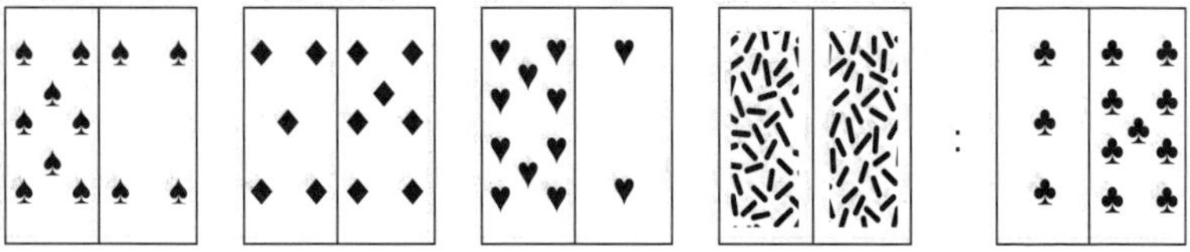

Légende dominos
En haut : +2, –1, +2, –1 ...
En bas : +2, +3, +4, +5 ...
Légendes cartes : total des deux cartes = 12 (constant), et trèfle après pique, carreau, cœur (on peut aussi alterner rouges et noires, paires impaires ...)

Exemples d'« intrus », à exclure ou à choisir

Espadon, requin, dauphin, thon : exclure **dauphin**, qui n'est pas un poisson.
4 21 17 34 : exclure **17**, seul nombre premier de cette série
Perruque, boucles d'oreilles, dentier, lunettes : exclure **boucles d'oreilles** qui ne sont pas des prothèses.
Goldstein/Golstein, Aboulkaar/Aboulkaar, Dupont/Dupond, Millsthoffeim/Millsthoffeim : le premier et le troisième noms sont mal recopiés.

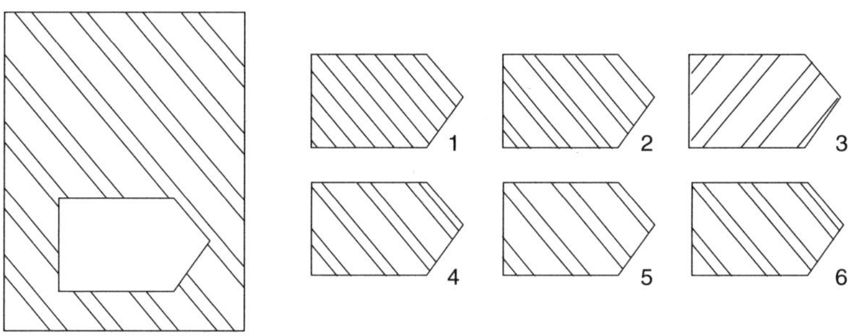

Le bon élément est le n°5.

Exemples d'exercices

Mettre au pluriel « le bail que tu as signé » : « **les baux que vous avez signés** ».

Corriger les fautes d'orthographe « elle n'a pas apperçus les journeaux que je suis sensé lui avoir porté » : « **elle n'a pas aperçu les journaux que je suis censé lui avoir portés** », je étant supposé au masculin, au féminin la bonne réponse serait «...**que je suis censée** ... ».

Classer par ordre alphabétique une série de noms propres (assez compliqués et proches).

Cocher dans une liste les noms répondant simultanément à trois ou quatre critères (par exemple : sexe masculin, entre 30 et 44 ans, mariés et ayant 2 enfants).

Cocher dans une liste les trois idées essentielles contenues dans un texte de quelques lignes.

Remettre dans l'ordre chronologique une douzaine de phrases tirées de la biographie d'un personnage.

Calculer en décilitres le volume total de liquide : 3 cl + 3,712 l + 0,0546 hl (= **92,02 dl**).

De nombreuses variantes sont possibles autour de ces différents concepts.

Fixer les orientations

Les centres d'intérêt confirmés

Ce sujet a été abordé à l'époque où les activités correspondantes ont été exercées, donc en référence à la carrière professionnelle passée.

Venant de basculer dans l'orientation de la vie professionnelle à venir, c'est le moment de faire le tri entre ce que l'on garderait volontiers et ce qu'on laisse.

La même typologie peut servir : technique/production, marketing/commercial, administration/gestion, animation/communication.

On verra si l'une des quatre familles prend le pas sur les autres ou si la polyvalence la plus large est recherchée.

Intégrer les choix et les attentes

Après l'activité elle-même, quelles options quant à l'environnement de cette activité :

- type et dimension de l'entreprise : multinationale, grande entreprise, PME, création d'entreprise personnelle…
- secteur : industrie, commerce, services, privé, public, associatif…
- implantation, cadre de travail, accès…
- style et mode de relations…

À moins d'avoir déjà des idées précises, le but à ce niveau n'est pas de faire une définition précise et complète, seulement de noter si, sur ces questions, l'on a des aspirations particulières présentes à l'esprit.

D'autres attentes peuvent aussi s'exprimer et être notées quant au profil souhaité du futur responsable hiérarchique : style de management, compétences, comportement, mode de coopération avec lui…

Prendre en compte les contraintes

Après avoir ouvert la recherche dans la voie des aspirations et des potentialités, le moment vient de prendre en compte avec réalisme des contraintes dont certaines sont parfois lourdes :
- santé personnelle,
- soins ou surveillance de personnes âgées ou handicapées dans l'entourage donc, délai maximal d'éloignement,
- horaires particuliers pour assumer les charges familiales, conduites à l'école, soins des enfants,
- attachement à un lieu (profession du conjoint, enfants…),
- aspects financiers,
- engagements personnels…

Hiérarchiser les éléments personnels significatifs

Comme on l'a fait à l'issue du premier volet professionnel, il s'agit de rassembler sur une feuille l'essentiel des réflexions sur la personnalité et les premières orientations.

Ces deux recueils vont servir de base de départ pour élaborer un objectif général et nourrir les projets.

Élaborer des projets professionnels et parvenir à une synthèse mobilisatrice

Se définir un objectif professionnel

Nous avons évoqué plus haut, et nommé noyau dur une méthode consistant à se définir un but, qui n'est pas en soi un projet mais plutôt le fondement de tous les projets possibles. Si les deux fiches-recueils des éléments professionnels et personnels ont été bien faites, l'objectif professionnel en sera la mise en forme de l'essentiel. On pourra passer au crible chaque élément de ces deux recueils, en se posant les questions :

- cet élément est-il un critère absolu sans lequel je ne pourrai pas trouver de satisfaction durable ?
- ou est-il seulement un critère relatif qui contribuerait à ma satisfaction ?

Le décliner en projets professionnels

Il faut maintenant finaliser, traduire un objectif professionnel général, — qui « génère »– et un peu abstrait peut-être, en projets concrets et précis, « prêts à l'emploi ».

Type d'entreprise, secteur, fonction…comme dans la phase d'orientation, choix et attentes, en s'obligeant cette fois à définir les choses dans le détail.

Il est tout à fait normal qu'il en ressorte plusieurs projets. Il conviendra alors de les hiérarchiser : on le fait le plus souvent en fonction de l'intérêt qu'ils suscitent, ou selon le risque, également en fonction de la réussite à un examen ou un concours qui conditionnent la poursuite dans une filière, ou en fonctions d'autres hypothèses comme l'accès à une formation clé.

Si l'on a épuisé largement la durée prévue ou normale du bilan, on peut être amené à le conclure en éprouvant un sentiment de travail non terminé. L'important est d'être et rester en mouvement, de continuer ce travail. Ce qui nous semblerait grave serait de terminer le bilan dans un moment de panne, au risque de classer le dossier et de perdre tout l'acquis du bilan. En restant au contraire en action, les choses vont se préciser au fur et à mesure de l'obtention d'informations, de portes qui se ferment ou s'ouvrent, de la réflexion qui mûrit. En coopération avec un consultant resté disponible au titre du suivi.

Envisager les formations nécessaires

Déterminer la formation qui convient, nécessaire et suffisante pour supporter un projet et en faire un succès, est une opération à prendre au sérieux. Là aussi, il faut faire preuve de pertinence et de réalisme.

On a évolué, depuis l'époque de la formation/cadeau pour le salarié en poste, ou de la formation/prolongation-des-droits pour le chômeur. En plus des formations diplomantes bien connues en contenu et en niveau, on trouve de nombreux programmes de durées variées en organismes de formation privés. L'importance du choix ne doit pas faire perdre de vue l'efficacité : il faut multiplier les contacts et échanges avec les organismes d'information, de formation, des consultants spécialisés, des associations locales ou professionnelles, bien entendu les conseillers en orientation et emploi, pour déterminer à leurs justes niveaux la discipline, le degré, la durée, qui vont conditionner :

- l'accès potentiel au poste ou à l'activité envisagés, c'est-à-dire le nécessaire, ce qui représenterait le succès à un examen ;
- l'entrée effective en situation, le suffisant, ce qui permet de réussir le concours. Dans un processus de sélection, ces démarches d'examen et de concours alternent sans cesse : sans un certain niveau (les critères absolus du profil recherché), on n'est même pas reçu en entretien, et pour être engagé il faut apporter une plus-value professionnelle ou personnelle.

Ne pas obtenir, au dernier moment, une formation qui conditionne le projet défini peut avoir de lourdes conséquences et obliger à se replier sur un 'projet de survie'qui n'a rien à voir.

« Je repars de très bas. J'aurais préféré partir d'un rêve et essayer de le rapprocher de la réalité que d'être contraint à accepter cette activité après l'échec de ma demande de formation. »

« J'ai l'impression que les bilans de compétences sont accordés facilement, voire encouragés, puis que les robinets des financeurs se ferment au moment de décider des formations. »

Un problème important subsiste pour accéder à des formations pertinentes : la validation des acquis d'autodidactes parfaitement capables de suivre ces formations, mais qui sont administrativement rejetés.

Étudier une démarche de mise en œuvre

Si certains profils sont très demandés, la plupart des candidats doivent affronter un marché de l'emploi qui ne se laisse pas conquérir sans efforts. Nous sommes dans le chapitre des outils et moyens : le premier consiste à constituer et entretenir un réseau de personnes et institutions aptes à informer et aider.

Passons rapidement sur une nécessité aujourd'hui : avoir un curriculum vitæ bien rédigé, clair, pas trop long, agréable à consulter, le compléter par une lettre adaptée à chaque situation, l'ensemble des deux ayant pour but d'obtenir l'entretien.

Un entretien qui, lui aussi, se prépare : quelle est la fonction de mon interlocuteur, la durée de l'entretien, quelles questions poser sur l'entreprise et le poste qui soient autant de preuves de ma bonne connaissance de cette fonction et de la pertinence de ma candidature etc.

Il arrive que le projet ne se limite pas à « formation + recherche d'emploi », voire seulement à une recherche d'emploi. Surtout dans le cas où l'on envisagerait de se lancer dans l'aventure de la création d'entreprise. Il faudra alors déterminer des étapes pour monter le projet, avec un plan d'action détaillé, faire contrôler son plan par des personnes venant de plusieurs horizons pour le soumettre à des éclairages variés et l'enrichir sur des plans différents.

Conclure

Rédigée par le consultant responsable du bilan, la conclusion peut être conçue comme un outil de promotion du projet. C'est dans cet esprit que nous l'avons proposée plus haut.

Faire un bilan du bilan et penser au suivi

Synthèse à chaud

Le bilan est terminé. Cette dernière rencontre avant d'entrer en phase de suivi est l'occasion de faire le point sur le vécu de ce bilan, les apports, les sujets de satisfactions, les regrets.

Il convient de reprendre les motivations et attentes exprimées au départ, comment elles ont évolué, quelles réponses ont été trouvées, ce qui reste en attente.

Si une dérive s'est instaurée en cours de bilan, il serait bien dommage d'avoir attendu la fin pour l'exprimer. En échangeant plus tôt à propos de ce sentiment, on aurait sans doute pu améliorer les choses à temps.

Questionnaire de satisfaction

Dire ce qui ne va pas parfaitement est un impératif, le plus tôt possible ; sinon dans le bilan sur le bilan, au plus tard au moyen du questionnaire de satisfaction, si on en a pris conscience tardivement.

Dire ce qui va bien a aussi son utilité. L'amélioration des méthodes se réalise à travers des expérimentations dont le retour est nécessaire pour valider et continuer à progresser. Les consultants ont le souci permanent de s'adapter à chacun de leurs interlocuteurs, mais le bilan de compétences s'articule obligatoirement autour d'une méthode structurée. Délimiter ce canevas pour qu'il assure au bilan un bon enchaînement de plans de références, de points d'appui, est une nécessité, sans aller trop loin au risque de rigidifier.

Pour définir ce compromis équilibré, à chacun de participer au progrès des méthodes en communiquant avec ceux qui l'ont accompagné dans sa démarche.

Fiche de suivi et dossier

Aucun dossier n'étant conservé par le prestataire, ce dernier peut établir une fiche de suivi. Il est plus simple et logique de laisser au bénéficiaire du bilan l'initiative de reprendre contact avec le consultant en fonction des événements professionnels qu'il rencontre. C'est aussi son intérêt. Il convient qu'il ait avec lui lors des entretiens de suivi la reliure ou le dossier remis à l'issue du bilan, au moins le document de synthèse avec les projets. Le mieux ne serait-il pas de toujours conserver sa reliure sur soi au cas où l'on croiserait son consultant au Monoprix ?

Conclusion
Un outil au potentiel considérable

Arrivés aux termes de ce livre, nous espérons vous avoir montré de quelle utilité peut être un bilan de compétence dans un parcours professionnel mené avec un double souci d'authenticité et de prise en charge de soi-même. Voyons maintenant quelles conclusions nous pouvons tirer de son existence.

Une démarche plébiscitée par tous ceux qui l'ont suivie, complément indispensable des outils traditionnels d'évaluation

Le bilan de compétences pourrait-il ne pas exister ? Nous évoquions cette question au début du livre. À première réflexion, nous pourrions penser que le bilan de compétences n'est pas indispensable quand l'entretien annuel d'appréciation est pratiqué de manière parfaite. Cela supposerait un ensemble de dispositions que l'on trouve rarement réunies.

À savoir :

- que l'entretien soit réellement pratiqué tous les ans, intégré dans la culture de l'entreprise, non ressenti comme une corvée,
- dans un climat de confiance réciproque profonde,

- qu'il comporte une étape systématique d'appréciation du degré de maîtrise de la fonction, une évaluation du professionnalisme par rapport au référentiel de compétences de cette fonction,
- dont découleraient des objectifs d'acquisition de compétences pour l'année à venir (formation et expérimentation terrain)
- et des objectifs personnels de progrès : comportements, maîtrise de facteurs purement qualitatifs…,
- avec une large prise en compte des aspirations du collaborateur dans la définition de son avenir professionnel,
- qu'il soit complété enfin par des entretiens de carrière tous les trois ou quatre ans selon l'âge, plus fréquemment en tout début de vie professionnelle.

Même dans cette situation idéale, il nous semble qu'un regard extérieur neutre, sans jugements de valeur, avec possibilité d'approfondir l'analyse des potentialités et de la personnalité par tests, études graphologiques et surtout entretiens, reste utile périodiquement.

Et dans un moment de rupture, qu'elle soit voulue ou subie, le bilan de compétences est toujours une ouverture très profitable, pour ne pas dire indispensable. Quand la rupture s'annonce, mieux vaut anticiper en effectuant son bilan aussitôt que possible.

La confiance en soi, la pleine possession de ses moyens, seront alors des atouts majeurs pour gérer au mieux la situation.

Si la lecture de ce livre donne l'impression que nous sommes des ardents promoteurs du bilan de compétences, convaincus que cette démarche peut apporter une aide déterminante sur les plans professionnel et personnel, nous le confirmons : tel est bien notre sentiment. Le résultat sera d'autant plus satisfaisant si toutes les conditions sont réunies pour profiter pleinement du bilan :

- s'y préparer, prendre le temps (s'il n'y a pas menace) ;
- bien choisir son partenaire, avec exigence ;
- investir de soi, en confiance et intensément, accepter l'idée de revoir des choix antérieurs, de modifier sa hiérarchie de valeurs ;

– poursuivre la réflexion au-delà du bilan de compétences lui-même, continuer sa démarche seul si nécessaire, rester en veille permanente pour maintenir la cohérence entre valeurs personnelles fondamentales, contraintes lourdes éventuelles et choix professionnels.

Pour autant, nous ne prétendons pas qu'il s'agit d'un exercice facile : l'effort à fournir est important. Il n'est jamais simple de reconnaître que l'on subit depuis vingt ans une erreur d'orientation initiale ou un mauvais choix déterminant, même si l'effet de telles prises de conscience est profondément libérateur. Nous sommes bien conscients des difficultés à éviter ou à surmonter pour mener à bien son bilan. L'enjeu mérite bien ces efforts.

Une situation paradoxale et ambiguë

Nous avons voulu faire de ce livre un outil de réflexion qualitative plutôt qu'une analyse de statistiques, reportant les données chiffrées en annexe A. Celles-ci proviennent de sources diversifiées, sont parfois très précises, mais ne se raccordent pas entre elles. Nous vous proposons donc de les regarder de façon globale et de n'en tirer que des tendances générales, évitant de sur-interpréter des informations plus ou moins fiables.

Il ressort néanmoins des statistiques de la DARES, qui ont le mérite de porter sur les nombres les plus importants, plusieurs remarques intéressantes.

À peine 80 000 bilans chaque année, cela représente un volume très faible, pour ne pas dire dérisoire, en dessous d'un bilan sur deux cents bénéficiaires potentiels !

Parmi les demandeurs d'emploi, moins d'un sur dix ou quinze cadres fait un bilan et la proportion est encore plus faible dans les autres catégories.

Le nombre total de bilans réalisés est plus ou moins stagnant depuis 1996, après avoir très sensiblement régressé par rapport aux premières années, 1994 et 1995.

Cette baisse a concerné essentiellement les ouvriers et employés, dont le nombre de bilans a fléchi de moitié entre 1994 et 1997, alors que cette prestation a été conçue pour aider en priorité les catégories les moins qualifiées.

Le nombre de bilans de cadres est resté constant dans sa modestie, alors que l'on aurait pu s'attendre à voir cette catégorie se sensibiliser largement et plus rapidement pour une opportunité d'un tel intérêt.

Enfin, reprenons une information donnée par ailleurs sur la progression des bilans réalisés à l'insu de l'employeur par les salariés en activité, de l'ordre de deux sur trois aujourd'hui. Les causes d'une proportion aussi considérable méritent d'être analysées.

De toutes ces observations, on retire en gros l'impression qu'en moins de trois ans le bilan de compétences a fait long feu auprès des ouvriers et employés, ses bénéficiaires prioritaires, et qu'après huit ans il est toujours resté entre deux eaux au niveau des cadres. Alors que tous les retours témoignent de la satisfaction des bénéficiaires.

Nous sommes dans une situation absolument incompréhensible : vu l'intérêt de cette démarche, salué par tout le monde, et face à l'ampleur évidente des besoins, il faudrait multiplier le nombre des bilans au moins par dix, tout en se donnant les moyens de ne pas en baisser le niveau de qualité, profitant au contraire de ces huit ans d'expérience pour l'améliorer.

Quelques prises de positions récentes, tant de la part du patronat que des partenaires sociaux et de l'ANPE vont dans ce sens, jusqu'à proposer que la pratique du bilan de compétence soit généralisée à tous les demandeurs d'emploi, voire à tous les salariés, tandis que le COPACIF a lancé au printemps 2000 une grande campagne promotionnelle d'information sur le bilan de compétences. Jamais le bilan de compétences n'avait été à pareille fête !

D'autres restent pourtant pessimistes, considèrent que des menaces sérieuses pèsent sur le financement des bilans et voient l'avenir du bilan de compétences compromis. Espérons que l'avenir leur donnera prochainement la joie de constater que leurs craintes n'étaient finalement pas justifiées. C'est ce à quoi nous croyons.

Une initiative d'utilité publique

Pour conclure, le bilan de compétences nous apparaît comme une initiative des plus heureuses, une mesure d'importance majeure. Une occasion unique pour chacun d'exercer dans un cadre de liberté maximale une action personnelle forte sur la poursuite d'une vie professionnelle souvent engagée dans une voie par hasard ou par circonstances, potentialités mal connues ou aspirations refoulées.

« *Finalement, je me rends compte que les grandes orientations dans la vie ne dépendent que de quelques 'oui' et quelques 'non', prononcés au bon moment, et qui comptent* ».

Aujourd'hui, la flexibilité de l'emploi, le renouvellement des fonctions, la rapidité des changements, les mutations profondes, permettent – ou imposent – à chacun de changer plusieurs fois d'activités, voire de métiers, en cours de carrière, et de se former tout au long de sa vie.

Un ou deux bilans de compétences, davantage si nécessaire, pourront contribuer largement à faire du parcours professionnel un facteur d'intérêt majeur dans la vie, surtout quand il s'accompagne d'un accomplissement personnel.

Annexe A
Statistiques provenant de données du ministère de l'Emploi et de la Solidarité et d'autres sources

Ces statistiques sont établies principalement à partir d'informations réunies par la DARES, Direction de l'Animation, de la Recherche, des Études et des Statistiques, qui reçoit et analyse les bilans annuels d'activité des les centres de bilans, et a publié en 1999 une synthèse des informations recueillies. On peut en retirer plusieurs données significatives concernant les années 1994 à 1997. Dans le dernier paragraphe, nous ajoutons quelques données pour 1998.

1. Le nombre total de bilans réalisés, tous publics :

1994	1995	1996	1997
125 000	109 000	85 000	92 000

La proportion de l'ensemble « ouvriers et employés » (qualifiés ou non) s'est progressivement réduite au cours de ces années :

1994	1996	1997
75 % = 94 000	53 % = 45 000	55 % = 50 000

et se décompose, selon les niveaux de formation en :

1994		1997
24 000	I, II, III	23 500
20 000	IV	18 000
46 500	V, VI	33 000
34 500	VII	17 500

2. Le secteur tertiaire est en augmentation.

3. 55 % des bilans concernent des femmes, 45 % des hommes.

4. Les bénéficiaires sont âgés de :

16 à 24 ans :	37 %
25 à 44 ans :	51 %
45 ans et plus :	12 %

5. 78 % sont des demandeurs d'emploi et parmi les personnes salariées et en poste, les bénéficiaires de bilans de compétences sont en majorité en CDD.

6. Les objectifs des bilans cités en premier lieu des bilans se répartissent comme suit :
   - Construction d'un projet professionnel : 46 %
   - Recherche d'un emploi : 26 %
   - Recherche de formation : 18 %
   - Tandis que les 10 % restant se subdivisent en quatre autres objectifs :
     - anticiper une mobilité non voulue,
     - demande personnelle d'évolution interne,
     - demande personnelle d'évolution externe,
     - préparation d'une validation des acquis.

D'une façon générale, l'objectif principal du bilan de compétences est de construire un projet professionnel, lequel va se réaliser dans le cadre d'une recherche d'emploi pour un chômeur, ou bien, pour un salarié en activité, dans l'entreprise ou à l'extérieur.

7. Le nombre moyen d'heures consacrées par les prestataires à la conduite des bilans tend à se réduire :

1994	1995	1996	1997
18,4 h	18,3 h	17,6 h	16,3 h

8. Le nombre des prestataires habilités et réalisant effectivement des bilans de compétences est en augmentation : 700 en 1994, 900 en 1997

9. Les chiffres disponibles pour 1998, notamment le nombre total de bilans, qui décroît de 92 000 à 78 000, méritent une explication : le mode de décompte des bilans jusqu'à 1997 pouvait laisser penser qu'un certain nombre de bilans professionnels et bilans d'orientation étaient assimilés (à tort) aux bilans de compétences du dispositif légal. Une classification plus rigoureuse depuis 1998 a permis mieux mesurer le nombre réel de bilans de compétences. Il ne s'agit donc pas obligatoirement d'une baisse en volume sur l'année précédente.

Annexe B
OPACIF et FONGECIF

Les OPACIF

Les « Organismes Paritaires Agréés au titre du Congé Individuel de Formation » sont des institutions régionales interprofessionnelles chargées de collecter auprès des entreprises et de gérer des fonds qui leur permettront de financer des congés individuels de formation (CIF) et des congés de bilan de compétences (CBC). Chaque OPACIF représente une ou plusieurs branches professionnelles (liste en annexe). Le bilan de compétences a été d'emblée assimilé à une formation et géré comme tel.

Ces institutions sont gérées paritairement par les organisations représentatives des employeurs (MEDEF, CGPME, UPA) et des salariés (CFDT, CFE-CGC, CFTC, CGT, CGT-FO). Les « Fonds de Gestion du Congé Individuel de Formation » (FONGECIF) représentent le plus important de ces organismes.

Tous les OPACIF sont regroupés sous l'égide du COPACIF, « Comité Paritaire pour la gestion du Congé Individuel de Formation. »

Voir adresse en annexe G.

Les FONGECIF

Implantation

Avec des structures similaires, un centre FONGECIF a été implanté dans chaque région, vingt-deux en France métropolitaine ainsi qu'en Réunion, Guadeloupe, Martinique et Guyane.

Mission

La mission des FONGECIF est large et diversifiée :
- collecter les fonds auprès des entreprises, les gérer ;
- informer les salariés de leurs droits au CIF et au CBC, les conseiller sur leurs projets ;
- instruire leurs dossiers de demandes de formations ou de bilans ;
- prendre en charge en tout ou partie des frais engagés par ces bilans ;
- habiliter les centres aptes à conduire ces bilans.

« Tout ou partie » signifie que le surcroît d'honoraires du centre de bilan, au-delà de la participation forfaitaire du FONGECIF, reste en principe à la charge du salarié, sauf accord particulier entre salarié et centre de bilan comme nous l'avons vu plus haut.

Prise en charge

Une commission paritaire se réunit chaque mois pour examiner les demandes de bilans présentées par les salariés. Chaque FONGECIF a ses propres priorités, dans la limite du budget disponible. Parmi les dossiers recevables, c'est-à-dire administrativement conformes et complets, sont retenus en priorité par le FONGECIF Ile-de-France, à titre d'exemple, ceux des salariés :
- n'ayant encore jamais bénéficié d'un congé individuel de formation ;
- appartenant aux catégories socioprofessionnelles les plus modestes ;

- les moins qualifiés ;
- ayant la plus longue expérience professionnelle.

À ces données objectives s'ajoutent des facteurs plus qualitatifs : motivation du salarié, situation actuelle, menaces pesant sur son avenir professionnel, son métier, son emploi.

Quelques chiffres

Depuis 1995, le nombre de demandes en Ile-de-France est à peu près stabilisé autour de 1 400 par an.

En 1998, 1 419 bilans de compétences ont été demandés en Ile-de-France, 1 393 ont été financés. Cette proportion de 98% d'acceptation a été spécialement élevée. La moyenne habituelle se situe autour de 95%.

Près de deux bénéficiaires sur trois sont des femmes.

Répartition des bilans selon l'âge :

- 1 % des bénéficiaires ont moins de 25 ans,
- 49 % ont entre 25 et 34 ans,
- 39 % ont entre 35 et 44 ans,
- 11 % ont 45 ans et plus.

La médiane se situe donc au voisinage de 35 ans.

Par rapport aux niveaux professionnels des bénéficiaires :

- 2 % des bilans ont concerné des ouvriers non qualifiés,
- 4 % des ouvriers qualifiés,
- 45 % des employés,
- 22 % des techniciens et agents de maîtrise,
- 27 % des ingénieurs et cadres.

Par rapport aux niveaux d'études, toujours en 1998 :

- 10 % de niveau I : grandes écoles, 3ème cycle, tous niveaux supérieurs à la maîtrise
- 18 % de niveau II : 2ème cycle, licence, maîtrise, bac + 4
- 25 % de niveau III : BTS, DUT, DEUG, bac + 2
- 24 % de niveau IV : Bac ou équivalent, BP
- 20 % de niveau V : études secondaires, CAP, BEP
- 2 % de niveau VI : études primaires, CEP
- 1 % de niveau VII : sans formation scolaire

Charte de qualité

Certains FONGECIF proposent une charte de qualité à tous les centres de bilans de compétences habilités. Celle du FONGECIF Ile-de-France rassemble sur un même document différents éléments des textes et conventions en vigueur. Une seule idée nouvelle apparaît dans cette charte : « le Centre de Bilans de Compétences fera évaluer la qualité de sa prestation par le bénéficiaire », sans préciser par quels moyens.

Rappelons que chaque centre de bilans habilité demeure seul et entier responsable de sa prestation.

Voir adresses en annexe G.

Annexe C
APEC et ANPE

Le dispositif partenarial ANPE/APEC « bilans de compétences pour cadres demandeurs d'emploi »

Le dispositif « bilans de compétences pour cadres demandeurs d'emploi » a été mis en place en 1994 : ANPE, APEC et Délégation Générale à l'Emploi et à la Formation Professionnelle (DGEFP), sont partenaires dans cette opération. L'Unité de Gestion des Bilans de Compétences (UGBCC) en assure spécifiquement le suivi et la gestion.

Le dispositif utilise comme support un « chéquier » : le consultant, ANPE ou APEC, valide au cours d'un entretien avec le cadre la pertinence du bilan pour lui, et lui remet ce chéquier si la prestation lui paraît nécessaire. Une inscription de moins de six mois à l'ANPE et une expérience professionnelle de plus de trois ans conditionnent le droit au chéquier.

Depuis deux ans, le budget alloué par l'État est de 5 800 bilans. Le Fonds Social Européen (FSE) assure un co-financement. Les chéquiers sont distribués dans tous les centres APEC et plus de trois cents agences ANPE. Les prestataires de bilans de compétences doivent être agréés par un OPACIF pour être habilités dans le cadre du dispositif et figurer sur les listes. Ils sont aujourd'hui plus de cinq cents.

Une expérimentation a été mise en place fin 1999 et 2000, pour permettre à des cadres inscrits à l'ANPE depuis dix à quatorze mois de réaliser un bilan de compétences. Elle a lieu dans les régions Île de France et Nord en coopération avec un nombre limité d'organismes prestataires.

Nous présentons en annexe le cahier des charges du dispositif et une analyse réalisée par le Département Études et Développement de l'APEC sur l'appréciation des utilisateurs du chéquier bilans en 1999. Elle est réalisée à partir des questionnaires adressés un mois après la fin du bilan à tous les bénéficiaires. On peut remarquer les taux élevés de retour des questionnaires (71%) et de satisfaction des cadres bénéficiaires (91%).

L'APEC Perspectives, son apport en matière de bilans pour les cadres en activité

Origine de la démarche

Dans les années 80, l'APEC prend conscience du véritable enjeu des cadres, en fonction des évolutions techniques, économiques et sociales : gérer eux-mêmes l'évolution de leur vie professionnelle. Afin de permettre aux cadres en activité d'anticiper les événements plutôt que de les subir, l'APEC crée les sessions de bilans « Perspectives ».

À la demande de Martine Aubry, ministre du Travail, cette expérience de l'APEC a nourri la réflexion dans la préparation des décrets d'application sur le bilan de compétences en 1991.

Près de 10 000 cadres ont fait un bilan « APEC Perspectives », avec l'aide des consultants APEC.

À quels besoins ces bilans répondent-ils aujourd'hui ?

Davantage conscients de leur valeur, les cadres souhaitent que leur évolution tienne compte également de la reprise économique.

Les entreprises, notamment celles qui éprouvent des difficultés à recruter, souhaitent conserver leurs compétences et s'intéressent davantage à l'évolution professionnelle de leurs cadres. Nombre d'entre elles ont rénové ou mis en place des entretiens annuels d'appréciation et des entretiens de carrière au cours de ces quinze dernières années.

L'APEC, organisme paritaire, est très soucieuse du respect de la confidentialité : à charge au cadre et à lui seul de faire remonter à son entreprise ses projets.

Deux spécificités des bilans APEC Perspectives

Les bilans APEC sont axés sur le développement professionnel, avec un souci de réalisme nourri par la connaissance du marché de l'emploi des cadres.

Pour la majorité des prestations, la méthode APEC repose sur une réflexion individuelle partagée en petit groupe, celui-ci servant de miroir et de force de proposition.

Une gamme de prestations

Pour répondre aux différentes problématiques l'APEC propose des prestations adaptées :

- aux jeunes cadres après une première expérience professionnelle,
- aux cadres ayant un parcours plus long et diversifié.

Son but est de les aider :

- à définir leurs axes d'évolution : bilan « orientation »,
- à valider une idée de projet : bilan « validation de projet ».

L'ANPE

La tâche de gestion administrative des demandeurs d'emploi ayant été confiée aux ASSEDIC depuis 1998, l'ANPE, libérée de cette sujétion, a pu concentrer son action sur la promotion de la recherche d'emploi. Elle a ainsi développé considérablement la palette de ses prestations, tant qualitativement que par une large diversification, prestations que ses conseillers présentent dans plus de 800 agences en France.

Ces prestations sont des actions d'aide à l'insertion professionnelle proposées aux demandeurs d'emploi sous des formes diverses (séminaires en groupes, suivi individuel, tests techniques ...), soit pour les aider à la construction de projets, soit pour améliorer leurs techniques de recherche d'emploi. Ces actions sont gratuites et ne changent pas le statut de demandeur d'emploi. Une démarche qualité équivalente à la certification ISO est en cours au sein des services de l'ANPE.

Comme nous l'avons évoqué plusieurs fois dans ce livre, le demandeur d'emploi est soumis à la contrainte de trouver ou retrouver rapidement un emploi. Le conseiller ANPE en est bien conscient. Il dispose donc d'une large batterie d'outils pour aider et accompagner cette démarche, dont le bilan de compétences. Or ce bilan est une opération déjà assez lourde : en durée, on l'a vu, il n'y a pas un bilan sur dix qui puisse se réaliser correctement dans le temps « normal » de cinq semaines. En engagement, ce n'est pas une simple formalité : s'y préparer, choisir le moment, en peser les exigences, les retombées possibles tant personnelles que professionnelles, sont autant d'étapes ou de préalables nécessaires à un bon bilan.

Le conseiller peut se trouver face à un demandeur d'emploi en situation financière critique, qui risquerait de faire un bilan superficiel dans la précipitation, à qui des prestations d'urgence conviendront mieux. Il peut aussi rencontrer une personne très indécise sur l'orientation à prendre, pouvant disposer de plus de temps de réflexion et de sérénité, mais ignorant tout du bilan, voir assez réservée quant à cette démarche. Si le bilan lui semble indiqué, le conseiller pourra engager des étapes de travail de premier niveau dont l'approfondissement passe naturellement par le bilan de compétences.

Ainsi, le bilan de compétences prend sa place au sein d'un vaste dispositif où l'on peut répartir les prestations – arbitrairement – en trois catégories, selon leur degré de profondeur.

Au premier niveau

Les guides pour agir

Une vingtaine de petits guides de réflexion abordent l'élaboration du projet, la préparation de la recherche, la réponse à une offre, la démarche vers les entreprises, les attitudes face à l'employeur potentiel. Ils sont remis par les conseillers aux demandeurs d'emploi, selon les besoins identifiés.

Les ateliers

Sur des thèmes similaires à ceux des « guides pour agir », ces ateliers durent chacun une demi-journée. Sous la direction d'un conseiller ANPE, le bénéficiaire dispose d'un livret guide coordonné avec un cahier pédagogique et des exercices pratiques, qu'il parcourt et remplit en alternant le travail individuel et les échanges avec le conseiller.

Les diverses sources d'informations et de documentation

Le conseiller guide le demandeur d'emploi dans sa recherche d'information, notamment sur :

- les métiers, en s'appuyant sur le Répertoire Opérationnel des Métiers et des Emplois (R.O.M.E.), qui comprend 466 fiches décrivant dix mille intitulés d'emplois ;
- les formations, les programmes, les organismes, les frais de formation, les modes de rémunération Allocations Formation Reclassement/CNASEA :
- les entreprises et personnes à contacter, par secteurs d'activités ou zones géographiques, les dirigeants, les chiffres significatifs, coordonnées (guide « Kompass »)...

Pour approfondir

Le bilan de compétences

L'ANPE attribue des chéquiers bilans de compétences pour les Cadres, dans le dispositif commun avec l'APEC, à réaliser chez des prestataires extérieurs habilités. Pour les personnels non Cadres, de tels bilans peuvent être réalisés dans les CIBC.

L'identification de potentiels

Prestation de quatre à huit heures pour un cadre avec un prestataire extérieur habilité ANPE, pour valider un projet ou choisir entre plusieurs projets, formule courte de bilan de compétences, pour des Cadres n'ayant pas besoin de cette démarche complète, par exemple seulement une piste à valider.

L'évaluation des compétences

Il s'agit de tests techniques proposés aux demandeurs d'emploi dans certains métiers, permettant d'évaluer les compétences acquises et leurs niveaux et de les comparer à ce qui est exigé sur le marché du travail, les mises à niveau indispensables, les formations adéquates. Cette démarche a pour objet de faire une évaluation sous une forme différente de celle du bilan de compétences.

Les interventions longues

L'ANPE a mis au point des prestations spécifiques pour les publics présentant des difficultés de réinsertion.

Le Module d'Orientation Approfondie (MOA)

Travail de 150 à 200 heures en groupe, échelonné sur un à deux mois, pour publics de tous niveaux, animé par un intervenant extérieur, avec l'effet dynamisant du groupe. Il faut valider son projet en entreprise, s'informer sur les formations utiles, perfectionner les techniques d'approche des entreprises, échanger avec d'autres demandeurs d'emploi en difficulté.

Le Contrat d'Accompagnement

Mesure d'aide aux demandeurs d'emploi en difficulté, proposé par l'ANPE avec l'aide du Fonds Social Européen, dont il est prévu de faire bénéficier deux millions de personnes en 2002. Il s'agit d'un accompagnement personnalisé sur une période de trois mois sous forme d'entretiens réguliers et/ou de séminaires en groupes et suivant deux axes possibles :

- soit par une démarche « Objectif Projet », individuelle avec un conseiller ou en groupe (OPI ou OPG), vers un organisme extérieur spécialement habilité, et un suivi, démarche dont l'objectif est la construction d'un projet réaliste, allant jusqu'à la mise en œuvre ;
- soit par une démarche « Objectif Emploi », également individuelle ou en groupe (OEI ou OEG), qui sont des accompagnements d'une recherche d'emploi méthodique et visant une reprise d'emploi.

Citons également, parmi de nombreuses autres prestations ne dépendant pas directement de l'ANPE, le Stage d'Insertion et de Formation à l'Emploi (SIFE), session de formation pouvant prendre la forme d'actions de bilan et de redynamisation, et particulièrement destinée aux personnes déjà quasiment exclues de fait : femmes après une longue interruption professionnelle, travailleurs handicapés, bénéficiaires du RMI..., qui ont à découvrir ou retrouver la notion d'emploi stable en vue d'un « nouveau départ ».

Voir adresses en annexe G.

Annexe D

Les centres interinstitutionnels de bilans de compétences

Les centres interinstitutionnels de bilans de compétences, ou CIBC, sont caractérisés par un partenariat avec des organismes publics (comme l'ANPE), associatifs ou privés, sous le contrôle du ministère de l'Emploi et de la Solidarité. Ils peuvent être constitués en associations, GIP, ou sous structures support de gestion (Education Nationale, AFPA ...), ce qui est notamment le cas pour la majorité des CIBC en Île de France.

En attendant la création – en cours – d'une « Fédération Nationale des CIBC », ceux-ci sont regroupés sous l'égide du « Groupe National de Liaison des CIBC », à Chalon sur Saône.

Leur rôle consiste essentiellement à :

- Réaliser des bilans de compétences pour tous les publics.
- Développer une mission d'innovation et expérimentation : mise en œuvre d'actions, élaboration de projets d'études visant :
  - le développement de la qualité,
  - la formalisation de nouvelles démarches,
  - la diversification des prestations d'orientation professionnelle,
  - la conception de projets transnationaux.
- Mettre en œuvre un lieu-ressources : soutien aux autres prestataires par :

- la constitution d'études, référentiels, banques d'outils,
- l'appui méthodes pour la capitalisation des expériences, actions innovantes,
- l'organisation d'échanges thématiques pour le transfert de connaissances et l'enrichissement des pratiques.

Chaque CIBC est géré indépendamment et détermine sa tarification propre, en général sensiblement inférieure à celles des cabinets privés, pour les personnes n'ayant pas accès aux financements publics.

En 1997, on comptait 106 CIBC sur 906 prestataires actifs (ayant réalisé au moins un bilan, 300 autres prestataires habilités n'ayant effectué aucun bilan) :

- en nombre global de bilans, les CIBC en ont réalisé 47 000, soit 51 % du total,
- en chiffre d'affaire, les CIBC ont réalisé 46 % du CA global des bilans de compétences, contre 29 % pour les associations sans but lucratif (loi de 1901) et 25 % pour les cabinets privés.

Avec un effectif moyen de 16 consultants à temps complet ou partiel, chaque CIBC a réalisé 440 bilans en moyenne en 1997 (chiffres variant d'un centre à l'autre, certains centres réalisant près de 80 bilans l'an par consultant à temps complet). Les associations réalisent moins de bilans par unité en moyenne et les cabinets privés beaucoup moins, un grand nombre de cabinets conduisant seulement quelques bilans chaque année.

Depuis mai 2000, la prestation de bilan de compétence en CIBC pour les demandeurs d'emplois est prise en charge en totalité par l'ANPE, le chômeur n'ayant plus aucune participation financière à assumer, sauf en ce qui concerne les chéquiers bilans Cadres (500 F TTC).

Voir adresse en annexe G.

Annexe E
La chambre syndicale des centres de bilans de compétences

Objectifs

Association professionnelle créée en 1995, la chambre syndicale des centres de bilans de compétences, ou CSCBC, réunit des centres prestataires de bilans de compétences autour d'objectifs à la fois larges et précisément centrés sur cette activité :

- promouvoir le bilan de compétences et informer sur son évolution ;
- assurer les relations avec toutes les institutions concernées ;
- développer éthique, déontologie et qualité dans la profession ;
- renforcer la professionnalisation du métier.

La Chambre Syndicale, en se situant en interface entre pouvoirs publics, organismes financeurs et centres prestataires de bilans de compétences, veut être une force de proposition et d'action.

Elle édite et diffuse un bulletin d'information périodique : *CSCBC Actualité.*

Commissions permanentes

Plusieurs commissions de travail se réunissent régulièrement pour mener des actions telles que :

- la promotion et le développement du bilan de compétences ;
- la communication interne et externe ;
- la démarche qualité ;
- l'analyse des pratiques (à titre d'exemples, réflexions sur la rédaction du document de synthèse, sur le retour des résultats au bénéficiaire et à l'entreprise quand il y a lieu, sur les cas difficiles ...);
- l'information sur la méthodologie et les outils.

Échanges avec des professionnels

Des rencontres sont organisées sur des sujets tels que :

- la validation des acquis professionnels ;
- la certification des centres de bilans de compétences ;
- les nouveaux outils d'évaluation ;
- les pratiques professionnelles ;
  - l'évolution des métiers dans différents secteurs : banque, transports, sanitaire et social ...

Charte de qualité

La Chambre Syndicale a pour souci constant de maintenir le meilleur niveau de qualité possible des bilans réalisés par ses adhérents. Elle a édité une charte que ses membres s'engagent à appliquer lors de leur adhésion.

Objectifs pour 2000

Tout en poursuivant l'ensemble de ces actions, la CSCBC s'est donné comme nouvel objectif pour l'an 2000 de réfléchir au positionnement du bilan de compétences dans le champ de l'accompagnement des parcours professionnels et de la gestion des ressources humaines, et à l'opportunité pour les prestataires d'avoir différents niveaux d'intervention dans le processus d'orientation professionnelle des adultes tout au long de leur vie ».

Voir adresse en annexe G.

Annexe F
Documents officiels

Précisons que tous les documents présentés étaient en vigueur mi-2000 et peuvent avoir fait l'objet d'évolution depuis, car ils sont actualisés périodiquement.

Article L. 900-2

Entrent également dans le champ d'application des dispositions relatives à la formation professionnelle continue les actions permettant de réaliser un bilan de compétences. Elles ont pour objet de permettre à des travailleurs d'analyser leurs compétences professionnelles et personnelles ainsi que leurs aptitudes et leurs motivations afin de définir un projet professionnel et, le cas échéant, un projet de formation.

Un bilan de compétences doit vous permettre de passer en revue vos activités professionnelles, dans le but :

- *de faire le point de vos expériences personnelles et professionnelles ;*
- *de repérer et évaluer vos acquis liés au travail, à la formation, à la vie sociale ;*
- *de mieux identifier vos savoirs, compétences, aptitudes... ;*
- *de déceler vos potentialités inexploitées ;*
- *de recueillir et mettre en forme les éléments vous permettant d'élaborer un projet professionnel ou personnel ;*
- *de gérer au mieux vos ressources personelles ;*
- *d'organiser vos priorités professionnelles ;*
- *de mieux utiliser vos atouts dans des négociations d'emploi ou dans le choix de carrière.*

Article L. 900-4-1

Le bilan de compétences ne peut être réalisé qu'avec le consentement du travailleur. La personne qui a bénéficié d'un bilan de compétences au sens de l'article L. 900-2 est seule destinataire des résultats détaillés et d'un document de synthèse. Ils ne peuvent être communiqués à un tiers qu'avec son accord. Le refus d'un salarié de consentir à un bilan de compétences ne constitue ni une faute ni un motif de licenciement.

L'organisme de bilan est tenu de respecter le caractère confidentiel des informations que vous lui donnerez lors du bilan de compétences. Il est soumis au secret professionnel, et ne peut communiquer l'ensemble des résultats du bilan qu'à vous-même, qui en êtes l'unique propriétaire.

Article R. 900-3

Un bilan de compétences ne peut être réalisé qu'après conclusion d'une convention tripartite entre le salarié bénéficiaire, l'organisme prestataire de bilans de compétences et soit l'organisme paritaire agrée au titre du congé individuel de formation mentionné à l'article L. 951-3 lorsque le bilan de compétences est effectué dans le cadre du congé de bilan de compétences, soit l'employeur lorsque le bilan de compétences est effectué au titre du plan de formation.
Ces conventions tripartites sont établies conformément à des conventions types définies par un arrêté du ministre chargé de la formation professionnelle et rappelant aux signataires les principales obligations qui leur incombent respectivement.

Pour que le bilan de compétences puisse être réalisé, cette convention doit être signée par trois personnes : un représentant de l'organisme paritaire qui finance, un représentant de l'organisme de bilan, et vous-même.

Article R. 900-1

Un bilan de compétences au sens de l'article L. 900-2 doit comprendre, sous la conduite du prestataire, les trois phases suivantes :

a) une phase préliminaire qui a pour objet :
- de confirmer l'engagement du bénéficiaire dans sa démarche ;
- de définir et d'analyser la nature de ses besoins ;
- de l'informer des conditions de déroulement du bilan de compétences, ainsi que des méthodes et techniques mises en oeuvre ;

b) une phase d'investigation permettant au bénéficiaire :
- d'analyser ses motivations et intérêts professionnels et personnels ;
- d'identifier ses compétences et aptitudes professionnelles et personnelles et, le cas échéant, d'évaluer ses connaissances générales ;
- de déterminer ses possibilités d'évolution professionnelle.

c) une phase de conclusions qui, par la voie d'entretiens personnalisés, permet au bénéficiaire :
- de prendre connaissance des résultats détaillés de la phase d'investigation ;
- de recenser les facteurs susceptibles de favoriser ou non la réalisation d'un projet professionnel et le cas échéant, d'un projet de formation ;
- de prévoir les principales étapes de la mise en oeuvre du projet.

Cette phase de conclusions se termine par la présentation au bénéficiaire du document de synthèse prévu par l'article L. 900-4-1.

Votre bilan se déroulera en trois phases, qui peuvent donner lieu à plusieurs rendez-vous espacés dans le temps.

Article R. 900-2

Le document de synthèse mentionné à l'article L. 900-4-1 est élaboré pendant la phase de conclusions de bilan de compétences. Il ne peut comporter d'autres indications que celles définies ci-dessous :

- circonstances du bilan de compétences ;
- compétences et aptitudes du bénéficiaire au regard des perspectives d'évolutions envisagées ;
- le cas échéant, éléments constitutifs du projet professionnel ou éventuellement du projet de formation du bénéficiaire et principales étapes prévues pour la réalisation de ce projet.

Ce document, établi par l'organisme prestataire et sous sa seule responsabilité, est soumis au bénéficiaire pour éventuelles observations.

Tous les résultats du bilan de compétences vous appartiennent.
Le document de synthèse qui vous sera remis ne contient que des informations utiles à la réalisation de vos projets.

Article L. 931-32

La durée du congé de bilan de compétences ne peut excéder par bilan vingt-quatre heures de temps de travail consécutives ou non.

Article L. 931-33

Le salarié bénéficiaire d'un congé de bilan de compétences a droit, dès lors qu'il a obtenu d'un organisme paritaire la prise en charge des dépenses afférentes à ce congé, à une rémunération égale à celle qu'il aurait reçue s'il était resté à son poste de travail, dans la limite des vingt-quatre heures par bilan de compétences.

Cette rémunération est versée, suivant les cas, dans les conditions définies à l'article L. 931-9 ou à l'article L. 931-18.

L'autorisation d'absence qui vous est accordée par votre employeur ne peut excéder vingt-quatre heures. Toutefois, votre bilan peut durer plus longtemps si besoin. Le reste du temps se passera en dehors de votre temps de travail.

Article L. 931-25

La rémunération due aux bénéficiaires d'un congé de bilan de compétences est versée par l'employeur. Celui-ci est remboursé par l'organisme mentionné à l'article L. 951-3...
... les frais afférents au bilan de compétences sont également pris en charge par l'organisme paritaire conformément aux règles qui régissent les conditions de son intervention...

Vous conservez le bénéfice de votre salaire, qui vous sera normalement versé par votre employeur. Demandez à l'organisme paritaire dans quelles conditions il peut prendre en charge les autres frais occasionnés par votre bilan.

Article R. 931-28

La demande d'autorisation d'absence au titre du congé de bilan de compétences institué par l'article L. 931-21 doit indiquer les dates et la durée du bilan de compétences, ainsi que la dénomination de l'organisme prestataire choisi par le salarié.
Cette demande doit parvenir à l'employeur au plus tard soixante jours avant le début du bilan de compétences.
Dans les trente jours suivant la réception de la demande, l'employeur doit faire connaître par écrit à l'intéressé son accord, ou les raisons de service motivant le report de l'autorisation d'absence. Ce report ne peut excéder six mois.

Attention à ces détails, ils sont importants pour la mise en oeuvre de votre bilan.

Article R. 931-30

Lorsque la demande de prise en charge est rejetée par l'un des organismes mentionnés à l'article L. 951-3, le salarié intéressé est informé par cet organisme des raisons qui ont motivé le rejet et de la possibilité de déposer, dans un délai de deux mois après notification du refus, un recours gracieux auprès de cet organisme.
Le recours gracieux est examiné par l'instance paritaire de recours mentionnée aux articles R. 951-3 et R. 931-25-1 . La décision prise sur le recours gracieux est notifiée au salarié en indiquant, le cas échéant, les raisons qui motivent son rejet.

Si un organisme refuse la prise en charge du bilan, vous pouvez exiger des explications. La démarche à suivre vous est indiquée ici.

Délégation à la Formation Professionnelle
Association Pour l'Emploi des Cadres
Agence Nationale Pour l'Emploi

Le 10 janvier 2000

CAHIER DES CHARGES DU PROGRAMME NATIONAL DE MISE EN OEUVRE DES BILANS DE COMPÉTENCES POUR LES CADRES DEMANDEURS D'EMPLOI

1. OBJECTIFS

La population des cadres est profondément affectée par la détérioration du marché du travail, son instabilité et la difficulté d'en lire les évolutions.
Les efforts conjugués de l'ANPE et de l'APEC ont permis un développement concerté et coordonné des différentes mesures à leur intention. Toutefois, les prestations proposées ne répondent pas toujours aux besoins de cette catégorie d'actifs.
Le bilan de compétences constitue une réponse souple et facile à mettre en œuvre dans les conditions d'urgence auxquelles les demandeurs d'emploi - cadres notamment - en situation de rupture professionnelle sont confrontés. Une telle mesure fournit à l'individu les repères nécessaires à l'élaboration d'une nouvelle stratégie. L'analyse de sa carrière, de ses réalisations mais aussi de ses possibilités d'évolution professionnelle donne à l'intéressé les moyens de faire face au changement qui lui est imposé.
Ce programme est cofinancé par l'État, le Fonds Social Européen (FSE) et les bénéficiaires. Il s'inscrit dans une volonté de développement du droit au bilan de compétences. Il doit permettre de développer, en cohérence avec les différents établissements participant à la mise en œuvre de la politique de l'emploi, l'attribution d'un chéquier à chaque cadre volontaire.
Ce "Chéquier Bilan de Compétences" est destiné à offrir à son titulaire la possibilité de gérer à sa convenance la mise en œuvre d'un bilan de compétences s'inscrivant dans son parcours de réinsertion ou de reconversion professionnelles.

2. PUBLIC BÉNÉFICIAIRE

Les bénéficiaires de ce programme sont des cadres ayant 3 ans minimum d'expérience professionnelle, sans emploi depuis plus d'un mois et inscrits à l'ANPE depuis moins de 6 mois comme demandeurs d'emploi.
Ils n'ont pas bénéficié depuis au moins 24 mois d'une prestation de ce type (soit au titre d'un dispositif de reconversion, soit à celui de la gamme des produits APEC ou ANPE).
Le "Chéquier Bilan de Compétences" est remis aux personnes volontaires et motivées pour cette démarche.
Il est destiné à des personnes :

- qui sont confrontées à l'obligation d'approcher un nouveau marché,
- qui se posent des questions de réorientation de carrière,
- qui souhaitent valider des pistes professionnelles.

3. ACTEURS : ROLES RESPECTIFS des PARTENAIRES (ANPE - APEC), du PRESTATAIRE et du CADRE BÉNÉFICIAIRE

3.1 L'ANPE - L'APEC :

En amont du bilan de compétences, L'ANPE ou l'APEC reçoivent le cadre :

- elles l'informent de son droit à un bilan de compétences ; des objectifs et des règles déontologiques de celui-ci, des procédures du *"Chéquier Bilan de Compétences"*,
- elles apprécient, lors d'un entretien d'analyse de sa demande, l'opportunité du bilan de compétences compte tenu de sa situation et de son besoin,
- elles lui remettent le chéquier avec une liste de prestataires,
- elles datent le chéquier lors de sa remise au cadre bénéficiaire.

A l'issue du bilan de compétences, les conseillers de l'ANPE ou de l'APEC sont à la disposition du cadre qui le souhaite pour l'accompagner dans la réalisation de son plan d'action.

3.2 Le PRESTATAIRE :

L'organisme prestataire réalise, sous sa seule et entière responsabilité, un bilan de compétences conformément au présent cahier des charges et aux règles définies par les textes législatifs et réglementaires régissant cette prestation.
Il signe le volet n° 2 du chéquier. Dans ce volet, il s'engage vis-à-vis du cadre, à la réalisation de son bilan de compétences dans les délais définis à l'article 4.3 du présent cahier des charges et selon les modalités précisées à l'issue de l'entretien préliminaire, tel que définies dans l'article 4.2.
Conformément à l'article 4.2 du cahier des charges, il restitue au cadre les résultats du bilan de compétences et lui remet une synthèse écrite.
Il signe, à l'issue du bilan de compétences, le volet n° 4 attestant, pour paiement, sa réalisation, accompagné d'une facture.

3.3 Le CADRE :

A l'issue de l'entretien d'information avec l'ANPE ou l'APEC, le cadre choisit de faire ou non un bilan de compétences. Dans la liste des prestataires qui lui est remise, il prend contact avec l'organisme de son choix. Il s'engage financièrement pour la somme de 500 F T.T.C. auprès du prestataire. Il signe successivement les 3 volets du chéquier :

- le volet n° 1 qui accuse réception du chéquier et concrétise son intention de mettre en œuvre un bilan de compétences dans les deux mois qui suivent,
- le volet n° 2 qui contractualise l'engagement de l'organisme à réaliser la prestation,
- le volet n° 4 valant service fait pour paiement par l'État de la prestation à l'organisme,
- un volet d'information donne la possibilité au cadre d'avertir son conseiller et de lui communiquer les coordonnées du prestataire choisi.

A l'issue du bilan de compétences, il met en œuvre les actions nécessaires à la réalisation de son projet. A son initiative, il sollicite l'aide du conseiller de l'ANPE ou de l'APEC.

Le circuit complet des opérations et documents entre le cadre bénéficiaire, l'ANPE ou l'APEC, le prestataire et l'Unité de gestion des B.d.C. est présenté en page 4.

4. NATURE DE LA PRESTATION

4.1 Objectifs :

"Le bilan de compétences (...) doit permettre à une personne de faire l'analyse puis la synthèse, notamment au regard de ses expériences personnelles et professionnelles, de ses ressources mobilisables dans un projet professionnel (...), cohérent, finalisé et adapté.".(Fiche 1.2 de la circulaire du 19 Mars 1993 bilan de compétences). Il doit donc aboutir à l'élaboration d'un plan d'actions favorisant l'insertion professionnelle de la personne.

4.2 Déroulement du Bilan de Compétences :

Le bilan de compétences tel que défini dans cette opération spécifique, diffère peu du contenu des bilans de compétences en général, excepté la situation particulière du bénéficiaire : *demandeur d'emploi.* En ce sens, il s'inscrit dans une problématique d'action à court terme et la phase habituelle de (3ème) confrontation à l'environnement prend ici une dimension plus particulière : nécessité absolue de tester la validité et la crédibilité du projet de réinsertion face à la situation actuelle du marché de l'emploi. Hormis cette exigence spécifique, le contenu du BDC est conforme à l'acception générale.

Entretien préliminaire

C'est l'analyse de la demande. Le BDC pouvant avoir des objectifs différents selon la situation de la personne, il est nécessaire que, lors d'une phase préalable, soient identifiés précisément la situation, les attentes et les besoins des demandeurs. C'est lors de cette phase que les partenaires se mettront d'accord sur ce qu'il est nécessaire de faire ainsi que sur les objectifs à atteindre et le type de bilan à effectuer.

Phase 1 : Recensement et évaluation

Il s'agit dans cette phase d'identifier et de recenser l'ensemble du capital de connaissances, de savoir-faire et de caractéristiques personnelles du demandeur, ainsi que ses potentiels d'évolution. Cette décomposition fine détaillée, illustrée n'est pas neutre. Elle comporte des éléments d'appréciation par la personne tels que l'intérêt porté à la réalisation de telle mission, la réussite ou l'échec de telle activité, etc... Sans nécessité à priori de recourir à des outils et méthodes relevant de logiciels ou encore d'une investigation psychologique approfondie on cherchera à mesurer le niveau de connaissances ou de maîtrise d'une compétence, à identifier le système de valeur auquel la personne se réfère, à clarifier ses motivations, ses souhaits d'évolution...

Phase 2 : L'élaboration des projets professionnels

A partir des éléments ainsi inventoriés - savoir-faire, connaissances techniques, connaissances de milieux spécifiques, expériences antérieures, - le cadre, avec l'aide de son prestataire, élabore d**es pistes alternatives pour sa réinsertion professionnelle.** Il ne s'agit pas d'inventer n'importe quoi, ni de se contenter de reproduire à l'identique la situation précédente mais bien d'identifier des créneaux d'insertion cohérents avec les éléments recensés dans la phase précédente. *"Une personne au chômage, devant se réinsérer rapidement, est dans une urgence qui ne permet pas des inventions trop lointaines par rapport à l'expérience antérieure"*.

Il s'agira d'aller le plus loin possible dans l'élaboration de ce ou ces projets : quelle fonction ? Dans quel environnement ? Taille d'entreprise ? Secteurs ? A quels niveaux de responsabilité ?

Phase 3 : validation du ou des projets, confrontation au marché

Les projets échafaudés à la phase 2 sont-ils réalistes ? Cette question revêt une acuité toute particulière dans ce cas spécifique de demandeurs d'emploi. La réinsertion doit se réaliser dans les termes les plus brefs. Il importe tout particulièrement de vérifier si le projet, cohérent en soi, a des chances d'être perçu comme crédible aux yeux des recruteurs. Il est évidemment tout aussi important de vérifier que le projet correspond à un segment de marché dans lequel le cadre a des chances vraisemblables de trouver des offres d'emploi en quantité suffisante.

Synthèse et conclusion

La phase de conclusion du bilan de compétences est menée sous forme d'entretiens personnalisés. Elle a notamment pour objet de récapituler, avec l'intéressé, l'ensemble des résultats détaillés ou des arguments évoqués lors de la phase d'investigation, en vue d'en identifier les éléments pertinents. Une synthèse, écrite sous la responsabilité du prestataire, est remise au bénéficiaire qui en est propriétaire et l'utilise à son gré.

4.3 Durée :

Le bilan de compétences se déroule sur une période de 5 semaines maximum. Il ne peut être indiqué de durée à priori. Celle-ci varie selon les besoins de la personne. Les exigences de traitement individuel et les objectifs à atteindre nécessitent une prestation qui ne saurait être inférieure à 10 heures.

5. EXIGENCES "QUALITÉ" : MÉTHODES ET OUTILS

Pour servir une prestation de qualité, l'organisme prestataire dispose d'un personnel qualifié dans la maîtrise méthodologique et instrumentale du bilan de compétences et dans sa capacité à travailler avec un public demandeur d'emploi cadre.

Compte tenu de l'approche pluridisciplinaire nécessaire dans la conduite du bilan de compétences, l'organisme prestataire mobilise une pluri-compétence. Il affiche au profit du bénéficiaire une **transparence** de ses méthodes, de ses outils, des domaines qu'il explore et de la restitution des éléments dégagés. Il peut recourir, pour certaines évaluations, à de la sous-traitance. Dans ce cas, la même exigence de transparence demeure.

Avec le souci de personnalisation de la prestation, l'organisme recourt à des méthodes et des outils fiables, éprouvés et variés. Le déroulement du bilan de compétences combine notamment entretiens de face à face, exercices de groupes, travail collectif, travail personnel, utilisation de personnes ou de lieux ressources, outils documentaires, tests, méthodes d'enquête, mises en situation, etc...

Pour appréhender au mieux le respect du cahier des charges, la qualité du bilan et son utilité pour le cadre, un questionnaire d'enquête est adressé à chaque bénéficiaire un mois après la réalisation du bilan de compétences.

6. RÉMUNÉRATION DE LA PRESTATION

Le bilan de compétences est rémunéré forfaitairement au prestataire au prix de 6.000 F à compter du 1er janvier 1998

- 5.500 F T.T.C. à la charge de l'État, - 500 F T.T.C. à la charge du cadre

Ce prix correspond à l'achat, non d'un nombre d'heures, mais d'une prestation globale. Les objectifs de cette prestation définis à l'article 4.1 du présent cahier des charges, doivent être concrétisés dans la production d'éléments de restitution formalisés en termes de compétences en vue d'un projet professionnel réalisable.

7. MODALITÉS DE REGLEMENT DE LA PRESTATION

Le chéquier est daté au jour de sa remise au bénéficiaire par le conseiller APEC ou ANPE. A compter de cette date, le bénéficiaire dispose de **2 mois** pour engager la démarche de son bilan de compétences. Dès lors que l'engagement est concrétisé par la signature du volet n° 2 du chéquier, le cadre convient du versement à l'organisme prestataire de sa contribution financière pour la somme de 500 F (volet n° 3 du chéquier, valant reçu du prestataire).

Le financement de chaque bilan de compétences par l'État est de 5.500 F T.T.C., somme qui est versée au prestataire par l'AGBCC-APEC, gestionnaire de l'enveloppe financière, au reçu du chèque bilan (volet n° 4 du chéquier valant service fait) et d'une facture.

8. PILOTAGE DU PROGRAMME

8.1 Pilotage national

Le Ministère du travail, de l'Emploi et de la Formation professionnelle, (Délégation à la Formation Professionnelle) maître d'ouvrage du programme, a confié à l'APEC le pilotage global de l'opération. A cet effet, l'APEC a créé une unité :

Unité de Gestion des Bilans de Compétences
51, boulevard Brune - 75689 PARIS CEDEX 14
Tél : 01 40 52 22 21 ou 01 40 52 22 14 - Fax : 01 40 52 24 25

constituée de personnels APEC et ANPE. Elle est chargée de mettre en œuvre l'ensemble du dispositif, d'assurer la gestion et suivi de cette opération ainsi que la coordination et la cohérence de son application dans les réseaux ANPE et APEC.
L'exécution du programme est réalisée conjointement par les réseaux opérationnels de l'ANPE et de l'APEC.
L'AGBCC-APEC, gestionnaire des fonds, exécute le règlement des prestations, sur présentation du volet n° 4.

8.2 Pilotage régional

La préparation des listes se fait par interrogation de l'ensemble des organismes retenus sur les listes des divers OPACIF, au titre du congé de bilan de compétences.
Les réponses sont ventilées par les soins de l'unité, région par région, et transmises au comité régional constitué des trois délégués régionaux de l'Anpe, de l'Apec et de la Formation Professionnelle. Ils établissent conjointement, pour leur région, la liste finale des organismes autorisés. C'est cette liste qui sera fournie aux cadres bénéficiaires. Elle reprend l'ensemble des organismes retenus par les OPACIF, opérant dans la région, et acceptant les exigences financières et techniques du présent cahier des charges.

CIRCUITS DES DOCUMENTS

Le cadre intéressé par le BdC, rencontre son conseiller.

Le conseiller apprécie les conditions d'éligibilité du cadre, et lui remet un chéquier dont il conserve le volet n°1, co-signé par lui et le cadre.

Le conseiller envoie le volet n°1 l'Unité de gestion des BdC.

Le Cadre "fait son marché" et rencontre des prestataires. (Durée maximum : 2 mois) Il signe avec le prestataire de son choix et lui remet le volet n°2.

Ce volet n° 2 est aussitôt transmis par le prestataire à l'Unité de gestion des BdC.

Réalisation du Bilan (Durée maximum : 5 semaines)

A l'issue du Bilan, le cadre remet le volet n°4 au prestataire.

Le prestataire envoie ce volet 4 et une facture à l'Unité de gestion des BdC pour règlement final. (Délai d'envoi : 1 mois après la fin du bilan)

Un volet spécifique permet au cadre d'informer son conseiller ANPE ou APEC sur sa décision de réaliser un bilan et de lui communiquer les données du prestataire choisi

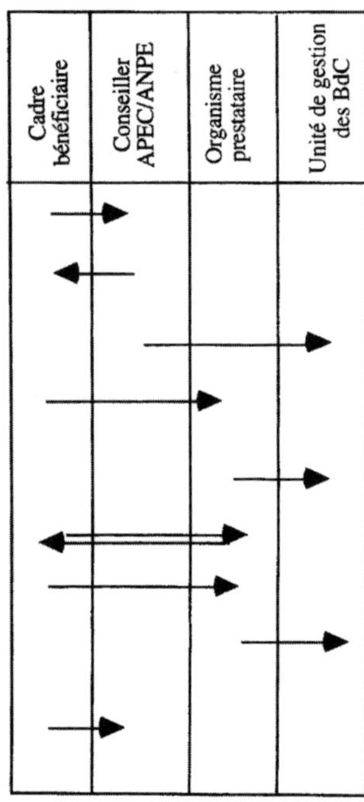

Bilan de compétences 1999 : l'appréciation des utilisateurs.

Le dispositif « Bilans de compétences pour cadres demandeurs d'emploi » a été mis en place en 1994.
La DGEFP (Délégation Générale à l'Emploi et à la Formation Professionnelle), l'ANPE et l'APEC sont partenaires dans cette opération. Une unité spécifique, l'UGBCC (Union de Gestion de Bilan de Compétences) en assure la gestion.
Le dispositif utilise comme support un chéquier, remis aux cadres par les consultants ANPE et APEC, au terme d'un entretien. Le cadre choisit lui-même un prestataire habilité sur une liste qui lui est remise.
Pour bénéficier d'un « chéquier bilan », le cadre doit être inscrit à l'ANPE depuis moins de 6 mois, avoir moins de 55 ans et plus de 3 ans d'expérience professionnelle. Le coût du bilan est de 6000 francs, dont 500 à la charge du cadre.
En 1999, 5600 bilans ont été réalisés auprès de 565 organismes prestataires.
Chaque cadre se voit adresser, à l'issue de la prestation, un questionnaire pour évaluation (taux de retour : 71%).

Le Département Études et Développement de l'Apec a réalisé la présente analyse à partir d'un échantillon représentatif.

La « campagne » 1999 confirme le très haut niveau de satisfaction des cadres utilisateurs déjà enregistré les années antérieures :

91% sont satisfaits de leur bilan de compétences et 97% conseilleraient à d'autres cette démarche

Très satisfait :	37%
Satisfait :	54%
Déçu :	7%
Frustré :	2%

Même parmi les déçus, une majorité conserve une bonne opinion du dispositif et le conseillerait à d'autres.

Les apports du bilan de compétences.

92% des bénéficiaires constatent une amélioration de la perception de leurs compétences.

Le bilan de compétences permet certes de mieux connaître ses compétences mais le constat n'est pas aussi évident qu'il n'y paraît : on note en effet un écart notable entre l'appréciation des résultats obtenus et ceux attendus avant de l'engager (seuls 79% des bénéficiaires ont mis l'accent sur cet aspect).

Le bilan constitue un « retour sur soi » qui sert aussi :

1) A mieux se connaître
2) A acquérir une plus grande confiance en soi

Les appréciations sont largement partagées par les intéressés.

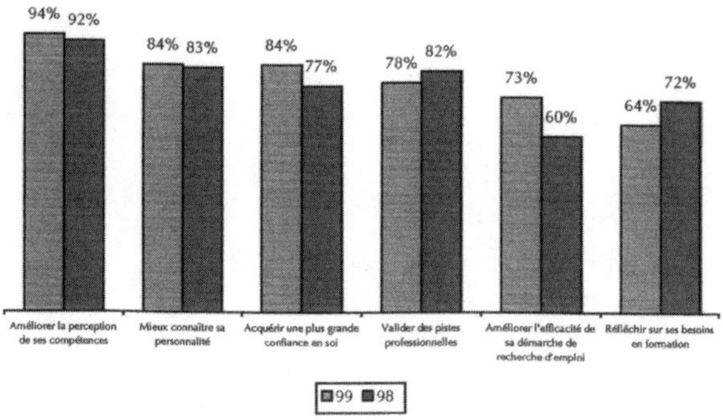

Enfin, le troisième motif de satisfaction, partagé par plus des trois quarts des cadres est « la validation des pistes professionnelles », alors que l'intérêt du bilan professionnel n'apparaissait avant l'engagement du bilan qu'à 48% d'entre eux.

Le bilan de compétences constitue un moyen « d'améliorer l'efficacité » de la démarche de recherche d'emploi, en retrait par rapport aux autres items, mais plus fortement perçu en 1999 qu'en 1998.

Enfin, l'aide à la réflexion sur les besoins en formation, est citée, mais en recul par rapport à 1998.
Ces variations ont un rapport avec l'amélioration sensible du marché de l'emploi.

La possibilité de choisir.

Mais les motifs de satisfaction sont également à rechercher en amont de la prestation proprement dite, lors du choix du prestataire, qui est de la responsabilité du détenteur du chéquier et de lui seul.

Placés en position d'acteurs, les cadres se montrent très actifs dès ce moment, puisqu'ils sont 88% à avoir pris contact avec cinq prestataires avant d'en sélectionner un.

Le plus souvent, la prise de contact passe par un entretien en face à face.

Les premiers critères mis en œuvre pour décider du choix sont l'empathie, le bon contact, la facilité à communiquer avec le conseiller, éléments décisifs pour que le travail puisse être conduit dans des conditions satisfaisantes.

Pour 47% des cadres, tout se joue donc lors de la prise de contact.

En second, les compétences du prestataire (connaissance du secteur d'activité, de la fonction, du tissu économique régional…) sont évoquées par 32%.
Enfin le protocole proposé (méthodologie, outils de travail) par 26%.

Il s'établit ainsi une relation riche, qui va connaître un prolongement jusqu'après la fin du bilan : 70% des cadres, soit 9% de plus qu'en 1998, indiquent avoir gardé contact avec leur prestataire.

On repère un autre signe de même nature : 57%, un peu moins qu'en 1998, ont réalisé leur bilan sur recommandation d'un conseiller ANPE ou APEC. Mais, à l'issue du bilan, ils sont 73% à avoir repris contact (ou envisagé de le faire) avec ce conseiller, soit 5% de plus que l'année précédente.

Cette volonté croissante de construire une relation suivie n'est pas corrélée à une situation difficile sur le marché du travail, au contraire : 25% ont retrouvé un emploi dans les mois qui ont suivi le bilan, et 62% sont sur une piste professionnelle sérieuse, soit 8 points de plus pour chaque item par rapport à 1998.

Le déroulement du bilan.

Selon les termes du cahier des charges du système « chéquier bilan », le prestataire doit passer 10 heures au minimum avec le cadre.
Le temps moyen constaté par les cadres eux-mêmes est de 15 heures, dont 6 heures d'entretien individuel avec le conseiller, 5 heures de tests, et 3 heures de réunions de groupe.

Mais le bilan de compétences, c'est aussi, en moyenne, 12 heures de travail personnel.

Placés en situation d'acteurs, les cadres portent une appréciation d'autant plus positive qu'ils ont consacré un temps personnel important à la réalisation de leur bilan.

L'engagement pris par le prestataire de remettre au cadre une synthèse écrite de son bilan de compétence est respecté dans 93% des cas.

Les 7% restant font l'objet d'un suivi par l'UGBCC. L'observation montre qu'il s'agit rarement d'un pur et simple manquement aux obligations.

Les méthodes utilisées restent très stables.

L'architecture du bilan est une combinaison d'entretiens, de tests et de travaux sur supports écrits, plus rarement de graphologie :

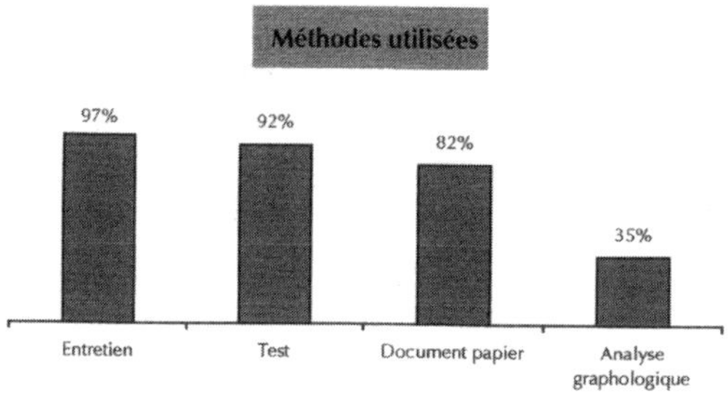

L'évaluation des prestations dont les cadres estiment avoir bénéficié recoupe leur appréciation sur l'apport du bilan :

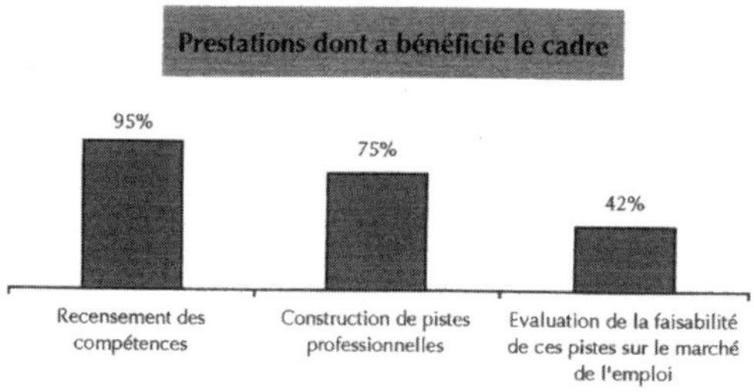

Les cadres considèrent presque tous que le recensement de leurs compétences a été effectivement réalisé.

Le but de ce recensement, à savoir sa traduction en pistes professionnelles est également très largement pris en compte.

Par contre, la confrontation de ces pistes avec le marché de l'emploi est un objectif atteint pour moins de la moitié des cadres (42%).

Pourtant, on l'a vu, ils sont 73% à juger que le bilan améliore l'efficacité de leur démarche de recherche d'emploi. Il n'y a pas contradiction, ces deux appréciations se situant sur des registres en partie différents.

Il reste néanmoins une marge de progression, sans doute du côté des cadres eux-mêmes comme des prestataires, pour que la confrontation entre les axes professionnels déduits du bilan soient davantage confrontés au marché de l'emploi et aux besoins exprimés par les entreprises.

Annexe :Typologie des bénéficiaires du bilan de compétences.

* Sexe :

Femme : 44%
Homme : 56%

* Age :

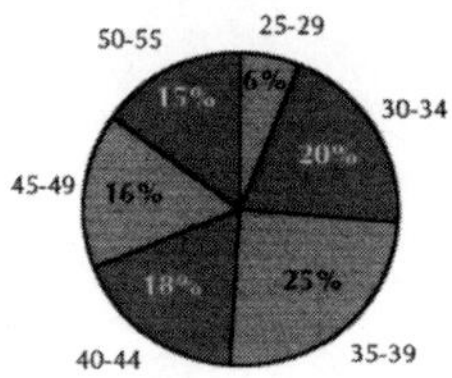

Près de 2/3 des cadres ayant réalisé un bilan de compétences ont entre 30 et 44 ans.

* Niveau de formation :

Bac+3 et au-delà	65%
Bac+2	21%
Bac	7%
Secondaire	5%
Autodidacte	2%

* Fonction :

Fonction	%
Direction Générale	5%
Production, fabrication, chantiers	6%
Services connexes	5%
Etudes, recherches, projets	7%
Mercatique, commercial, vente	35%
Spécialistes d'activités tertiaires	5%
Administration	9%
Comptabilité, gestion financière	6%
Informatique	6%
Personnel	3%
Communication et création	7%
Fonctions médicales, sociales et culturelles	6%

Pour toute information : UGBCC 51, boulevard Brune 75014 Paris – Tél : 01.40.52.21.94.
Jean-Claude LAPLANTE, Pierre MOTEL, Sylvie DALMARD, Sylvie GAUTHIER

FONGECIF
Ile de France

Fonds de Gestion du Congé Individuel de Formation

Le Congé Bilan de Compétences

De quoi s'agit-il ?

Le Congé Bilan de Compétences a pour objet de permettre aux salariés d'analyser leurs compétences professionnelles ainsi que leurs aptitudes et leurs motivations afin de définir un projet professionnel et, le cas échéant, un projet de formation.

Comment peut-on en bénéficier ?

Les conditions d'ouverture des droits au Congé Bilan de Compétences (CBC) varient selon le contrat de travail établi entre le salarié et l'employeur.

QUELQUES OBLIGATIONS	CDI Contrat à Durée Indéterminée		CDD Contrat à Durée Déterminée
Niveau requis	Salariés sans diplôme ni qualification professionnelle	Tous les autres niveaux de formation et de qualification professionnelle	Tous les niveaux de formation et de qualification professionnelle
Ancienneté	24 mois d'activité salariée dont 1 an dans l'entreprise à laquelle le salarié est rattaché au moment de la demande	5 ans d'activité salariée dont 1 an dans l'entreprise à laquelle le salarié est rattaché au moment de la demande	24 mois d'activité salariée dont 4 mois dans les 12 mois précédant la demande.
Autorisation d'absence	La demande d'autorisation d'absence doit parvenir à l'employeur dans des délais compatibles avec l'instruction du FONGECIF Ile-de-France. Le délai de réponse de l'employeur est de 30 jours maximum suivant la réception de la demande.		
Délai de franchise entre deux demandes	2 ans	5 ans	2 ans
Durée maximale de la prise en charge	24 heures		

PRISE EN CHARGE DE LA DEMANDE DÉCIDÉE PAR UNE COMMISSION PARITAIRE

En fonction du budget disponible, de la motivation, de l'expérience professionnelle et de la situation actuelle du salarié, sont choisis en priorité :

- Les salariés n'ayant jamais bénéficié d'un Congé Individuel de Formation
- Les salariés des catégories socio-professionnelles les plus modestes et les moins qualifiés
- Les salariés des petites et moyennes entreprises (moins de 200 salariés)
- Les salariés ayant le plus grand nombre d'années d'expérience professionnelle et/ou les plus âgés.

En cas d'acceptation : maintien à 100 % de la rémunération et participation éventuelle au coût (solde à la charge du salarié).

DÉMARCHE PRÉALABLE AU DÉPÔT DE DOSSIER

- Choisir un Centre de bilan figurant sur la liste habilitée par le FONGECIF Ile-de-France.
- Prendre connaissance des moyens, méthodes et techniques mis en œuvre par le Centre de Bilan choisi.
- Demander l'autorisation d'absence à l'employeur*, sur papier libre, avec dates, durée du bilan et nom du Centre de bilan.
- Dès l'accord de l'employeur*, remplir le formulaire de prise en charge du FONGECIF Ile-de-France : par le Centre de bilans, l'employeur et le salarié.

*Inutile pour ex-salarié CDD.

AU MINIMUM TROIS MOIS AVANT LE DÉBUT DU BILAN

- Dépôt du formulaire dûment rempli au FONGECIF Ile-de-France
- Enregistrement → Numéro de dossier → Accusé de réception
- Instruction de la demande par un Conseiller en formation

DEUX MOIS AVANT LE DÉBUT DU BILAN

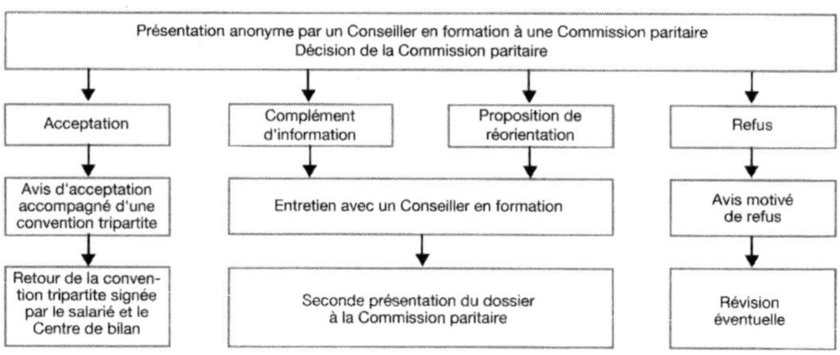

DATE DU DÉBUT DU BILAN

Avis de prise en charge financière adressé à l'employeur (sauf pour ex-C.D.D.).
Départ en Centre de bilan.

PENDANT LE BILAN

Remboursement à l'employeur ou paiement à l'ex-salarié C.D.D. des salaires afférents à la durée du bilan dès réception de l'attestation de la participation effective du salarié.

A LA FIN DU BILAN

Règlement au Centre de bilan du coût de la prestation à réception d'une attestation co-signée du prestataire et du salarié précisant qu'un document de synthèse a été établi.

TOUR MAINE MONTPARNASSE (50e Et.) - 33, AVENUE DU MAINE - 75755 PARIS CEDEX 15
Tél. : Informations 01 44 10 58 58 - Administratif 01 44 10 58 88 - Fax : 01 44 10 58 00 - Minitel 3615 FONGECIF (2,23 F/mn)
Organisme paritaire agréé par l'Etat – SIRET 327 787 412 00029 – NAF 804 C

FONGECIF Ile de France

87, boulevard de Grenelle - 75015 Paris
Tél. (1) 44.38.58.58 - Télécopie (1) 47.34.71.43
Messagerie Minitel 3615 Code AID * FIF
Métro : La Motte Picquet

Fonds de Gestion du Congé Individuel de Formation

CONVENTION POUR LA RÉALISATION D'UN BILAN DE COMPÉTENCES

DATE DE DÉCISION :

N° DE DOSSIER :

ENTRE

M.
salarié de l'entreprise :
ci-dessous désigné le bénéficiaire, d'une part ;

Le FONGECIF Ile-de-France, organisme paritaire agréé au titre du Congé Individuel de Formation, représenté par M. Rémi GAULTIER. Directeur, ci-dessous désigné le financeur, d'autre part ;

ET

L'organisme prestataire,
représenté par M. son
ci-dessous désigné le prestataire ;

Il est convenu ce qui suit :

ARTICLE 1 : **Objet de la convention**
Le financeur ci-dessus désigné prend en charge, dans les conditions définies à l'article 3 de la présente convention, les frais afférents au bilan de compétences professionnelles et personnelles effectué à la demande du bénéficiaire et réalisé par le prestataire mentionné ci-dessus.

ARTICLE 2 : **Conditions de réalisation du bilan de compétences.**
Le bénéficiaire atteste le caractère volontaire de sa démarche.
Il s'engage à fournir toute information utile à une mise en œuvre efficace du bilan de compétences.
Le prestataire est tenu d'informer le bénéficiaire des moyens matériels et humains dont il dispose pour la réalisation du bilan de compétences.
Il s'engage à lui proposer une prestation conforme aux dispositions des articles R. 900-1 à R 900-7 du Code du travail, dont des extraits figurent au verso de la présente convention.
Il assurera auprès du bénéficiaire le suivi de son intervention en lui proposant une rencontre six mois après la fin du bilan de compétences pour faire avec lui le point sur sa situation.
Le financeur ne peut exiger du bénéficiaire la communication du document de synthèse élaboré pendant la phase de restitution du bilan de compétences. Seul ce dernier peut décider de le transmettre ou non. Le cas échéant, le financeur s'engage à ne pas communiquer à des tiers les informations qui auront été portées à sa connaissance.

ARTICLE 3 : **Coût de la prestation**
Le FONGECIF Ile-de-France devra avoir reçu les justificatifs de présence effective et une attestation précisant qu'un document de synthèse a été établi. Ces documents auront été cosignés par le prestataire et le bénéficiaire. A réception, le FONGECIF Ile-de-France règlera au prestataire la somme de F le solde éventuel du coût de la prestation restant à la charge du bénéficiaire. En cas d'abandon sans motif valable, le FONGECIF Ile-de-France sera libéré du présent engagement (Article R. 931-31).

Le Financeur,
Fait à Paris, en 3 exemplaires
Signature :

Le Prestataire,
Fait le
Signature :

Le Bénéficiaire,
Fait le
Signature :

CONVENTION POUR LA REALISATION D'UN BILAN DE COMPETENCES

PRIS EN CHARGE PAR UN EMPLOYEUR DANS LE CADRE

DU PLAN DE FORMATION (ART. R. 900-3)

Entre :

M. ....ci-dessous désigné le bénéficiaire, d'une part ;

L'entreprise.......................................représenté par M. .... ci-dessous désignée l'employeur, d'autre part,

Et

L'organisme prestataire ...., représenté par M. ...., son .... ci-dessous désigné le prestataire,

il est convenu ce qui suit :

Article 1er - Objet de la convention

L'employeur ci-dessus désigné prend en charge les frais afférents au bilan de compétences professionnelles et personnelles réalisé par M. .... à sa demande ou avec son accord, et mis en œuvre par le prestataire mentionné ci dessus.

Article 2 - Conditions de réalisation du bilan de compétences

Objectif poursuivi par l'employeur :
....
....
....

Le salarié atteste du caractère volontaire de sa démarche.
Il s'engage à fournir toute information utile à une mise en oeuvre efficace du bilan de compétences.
Le prestataire est tenu d'informer le bénéficiaire des moyens matériels et humains dont il dispose pour la réalisation du bilan de compétences.
Il s'engage à lui proposer une prestation conforme aux dispositions des articles R. 900-1 à R. 900-7 du code du travail, dont des extraits figurent au verso de la présente convention.

Article 3 – Transmission du document de synthèse

Conditions dans lesquelles l'employeur demandera, le cas échéant, un exemplaire du document de synthèse au salarié :
....
....
....

Le financeur s'engage à ne pas communiquer à des tiers les informations qui auront été portées à sa connaissance.
La décision de transmission du document de synthèse appartient au salarié.

Fait à ...., le... en 3 exemplaires (1 exemplaire étant conservé par chacun des intéressés).

L'employeur, *Le bénéficiaire,* *Le prestataire,*

Fongécif
Ile-de-France

CHARTE DES CENTRES DE BILANS DE COMPETENCES ACCREDITES POUR 2000

Les organismes accrédités pour effectuer des bilans de compétences se portent garants du bon déroulement de la démarche soutenue par un dispositif et une méthodologie éprouvés.

PRINCIPES

- Respect attentif de la réglementation et particulièrement de la confidentialité,
- Déontologie, éthique et professionnalisme dans la mise en œuvre de méthodes et d'outils adaptés,
- Relation suivie avec les bénéficiaires, acteurs responsables,
- Formalisation du résultat de la démarche et, s'il y a lieu, d'un plan d'action.

******

Le prestataire s'entoure de conseillers expérimentés et pluridisciplinaires.

******

L'ACCUEIL a pour objet de permettre au demandeur de faire un choix parmi plusieurs centres accrédités

Le prestataire doit :

- informer de façon précise sur le centre, la méthode et les outils utilisés, le déroulement du bilan
- faire rencontrer par le demandeur le ou les conseillers qui l'accompagneront tout au long de son bilan
- faire préciser les motivations et les attentes
- confirmer la confidentialité de la démarche

LA CONVENTION TRIPARTITE

Le demandeur dispose d'un temps de réflexion avant de s'engager et de signer la convention tripartite.

LA REALISATION a pour rôle de :

- aider à identifier les acquis et les potentialités personnels et professionnels
- faire découvrir comment utiliser les connaissances et les compétences
- faciliter l'information sur les métiers et les secteurs d'activité grâce au réseau de professionnels et aux ressources documentaires

LA CONCLUSION a pour fonction de :

- analyser les résultats
- faciliter le ou les projets éventuels en envisageant les étapes de mise en œuvre
- soumettre puis remettre un document de synthèse au bénéficiaire, seul destinataire

LE SUIVI permet de :

- faire le point dans les 6 mois

******

Le Centre de Bilans de Compétences fera évaluer la qualité de sa prestation par le bénéficiaire.

******

Dans le cadre des dispositions de l'accréditation, je m'engage à respecter cette Charte.

Fait à .... Nom et Qualité du signataire ....
Le .... Signature :

Cachet du centre :

Janvier 2000

Chambre Syndicale des Centres de Bilan de Competences

CHARTE QUALITE DU BILAN DE COMPETENCES

Cette charte qualité, en cohérence avec les préconisations de la politique nationale en ce domaine, a pour objectif de formaliser le cadre d'une démarche qualitative des prestations de bilan de compétences.

En s'engageant à signer cette charte, les adhérents à la C.S.C.B.C.expriment leur volonté de garantir la qualité des services qu'ils proposent.

Ils adoptent les principes suivants :

1. Permettre au bénéficiaire d'élaborer un ou des projets professionnels personnalisés définissant des stratégies d'action et les axes de progrès correspondants.
2. Engager avec le bénéficiaire une relation qui lui permette d'être un acteur volontaire et responsable de son bilan et formaliser celle-ci dans le cadre d'une convention réglementaire.
3. L'informer de façon claire et précise sur le centre de bilan, les méthodes et les outils utilisés, le déroulement du bilan, l'aider à préciser ses motivations, ses attentes, vérifier avec lui l'opportunité de la démarche et le mettre en contact avec le ou les conseillers qui l'aideront à réaliser son bilan.
4. Mettre en œuvre des méthodes et des outils adaptés aux objectifs du bénéficiaire et assurer un nombre suffisant d'heures d'entretien individuel (huit heures minimum) pour une prestation étalée dans le temps sans toutefois dépasser trois mois.
5. Aider le bénéficiaire à identifier ses acquis et ses caractéristiques personnelles et professionnelles sous une forme exploitable sur le marché du travail.
6. Faciliter son information sur les métiers et les secteurs grâce à des personnes et des lieux ressources.
7. Soumettre au bénéficiaire un document de synthèse conforme aux indications réglementaires et lui rappeler qu'il est l'unique propriétaire de ce document qu'il pourra communiquer ou non à des tiers.
8. Evaluer avec le bénéficiaire la qualité de la prestation et proposer un suivi de bilan de compétences dans les mois qui suivent.
9. Respecter la réglementation relative au bilan de compétences et notamment la confidentialité des informations communiquées.
10. S'entourer de conseillers bilans expérimentés au sein d'une équipe pluridisciplinaire, en s'appuyant le cas échéant, sur un réseau de conseillers externes. Faciliter la formation ou l'information de son personnel afin de lui permettre de progresser dans la qualité des prestations fournies.

En tant qu'adhèrent de la CSCBC, je m'engage à respecter cette charte.

Dénomination du Centre de bilan de compétences..
Nom et qualité du signataire..
Fait à ....Le ....
Signature   Cachet

Retourner à la CSCBC un exemplaire signé du présent document après information du personnel du centre

Annexe G
Quelques adresses utiles

ANPE

Agence dans votre ville (plus de 933 en France et DOM/TOM)

APEC et APEC Perspectives

Centre dans chaque région
(45 centres en France)
Pour l'Île de France : 51 bd Brune, 75 014, Paris
tél. 01 40 52 21 12

CSCBC

Chambre syndicale des centres de bilans de compétences,
57 rue d'Amsterdam, 75 008, Paris
tél. 01 46 43 54 92, fax 01 53 32 17 32

CIBC

Centre interinstitutionnel de bilans de compétences
(106 centres en France)

CIDJ

Centre d'information et de documentation jeunesse
avec un réseau de 31 « Centres Information Jeunesse »
en France et DOM-TOM (dans chaque région)
101 Quai Branly, 75 05, Paris
tél. 01 44 49 12 00

CIO

Centre d'information et d'orientation
(16 à Paris, plusieurs centaines en France)

COPACIF
Comité paritaire des congés individuels de formation,
103 bd Haussmann, 75 008, Paris

DARES
Direction de l'animation, de la recherche, des études
et des statistiques,
20 bis rue d'Estrées, 75 700, Paris 07 SP
tél. 01 44 38 22 60, fax 01 44 38 24 43

FONGECIF
agence dans votre région, 22 en France et 4 en DOM/TOM

FONGECIF Île-de-France
Tour Montparnasse, 33 av du Maine, 75 755 Paris cedex 15
tél. 01 44 10 58 58, fax 01 44 10 58 00
Minitel 3615 FONGECIF

GNL
Groupe national de liaisons des CIBC,
12 D rue du Général Leclerc, 71100, Chalon-sur-Saône

UGBCC
Unité de gestion des bilans de compétences pour cadres
51 bld Brune 75014 Paris (pour Ile-de-France)
tel, 01 40 52 21 91, fax 01 40 52 21 25

APEC/ANPE
51 bd Brune, 75 014 Paris
tél. 01 40 52 21 94, fax 01 40 52 24 25

Liste des OPACIF (autres que les FONGECIF), selon les branches professionnelles

- AFDAS, activités du spectacle et de la publicité
- AGECIF 63, Banque de France
- AGECIF CAMA, crédit et mutualités agricoles
- AGECIF IEG, industries électriques et gazières, EDF
- AGECIF RATP, Régie Autonome des Transports Publics
- AGECIF SNCF
- AUVICOM, communication audiovisuelle
- CCFP, secteur syndical
- AF CHAMBRE DE MÉTIERS, chambres des métiers
- FAF SEA, exploitations agricoles

- FAF SECURITE SOCIALE, Sécurité Sociale
- HABITAT FORMATION, aménagement de l'urbanisme et de l'habitat
- MEDIAFOR, presse
- OPCA2, coopératives agricoles et professionnels agricoles
- PROMOFAF, secteur associatif et coopératif à but non lucratif
- UNIFORMATION, secteur associatif, coopératif, mutualiste

Bibliographie

ANDREANI et PINAUD, *Réussir son bilan de compétences,* Jeunes Éditions, 1998

BAYARD, *Le Bilan de compétences : pour qui ? pourquoi ? comment ?,* Demos, 1993

COUCHAERE, *Bilan de compétences : efficacité personnelle,* Liaisons, 1994

DENOUËL et SEDES, *Quelle est votre valeur ajoutée ? une méthode pour construire votre projet professionnel,* Éditions d'Organisation, 1996

GUIOMARD et CWENOLE, *Bilan de compétences : le guide des prestataires,* Liaisons, 1999

JARAS, *Le Bilan des compétences,* PUF, Que Sais-je, 1995

JOLIS, *Piloter les compétences,* Éditions d'Organisation, 1997

JORAS et RAVIER, *Comprendre le Bilan de compétences,* Liaisons, 1993

LEVY-LEBOYER, *Le Bilan de compétences,* Éditions d'Organisation, 1993

MICHARD et YATCHINOVSKY, Formation Permanente, ESF Éditeur

MICHEL, *Sens et contresens du bilan de compétences,* Liaisons, 1993

MONGEAU et TREMBLAY, *Connais-toi toi-même,* Maxima, …

044772 - (I) - (3) - OSB 1000° - ALMA

Achevé d'imprimer sur les presses de la
SNEL S.A.
rue Saint-Vincent 12 – B-4020 Liège
tél. 32(0)4 344 65 60 - fax 32(0)4 343 77 50
septembre 2000 – 18322

Dépôt légal : octobre 2000